The바른
캄보디아어
Khmer

저자 ㅣ 시 스레이포(Siv Sreypov)

New
The바른
캄보디아어 *Khmer* STEP 1

초 판 인 쇄	2016년 11월 04일
2 판 2 쇄	2022년 08월 01일
지 은 이	시 스레이포(Siv Sreypov)
내 용 검 수	김여진
펴 낸 이	임승빈
편 집 책 임	정유항, 김하진
편 집 진 행	송영정
디 자 인	다원기획
마 케 팅	염경용, 이동민, 이서빈
펴 낸 곳	ECK북스
주 소	서울시 마포구 창전로2길 27 [04098]
대 표 전 화	02-733-9950
팩 스	02-6394-5801
홈 페 이 지	www.eckbooks.kr
이 메 일	eck@eckcdu.com
등 록 번 호	제 2020-000303호
등 록 일 자	2000. 2. 15
I S B N	978-89-92281-82-9
정 가	15,000원

New
The바른
캄보디아어 *Khmer*

저자의 **말**

저는 캄보디아에서 온 유학생 시 스레이포라고 합니다. 현재 숙명여자대학교 대학원에서 영어영문학을 공부하고 있습니다. ECK 대표님의 권유로 원고를 쓰기 시작한 게 2년 정도 전이었던 것 같은데, 드디어 이렇게 책이 나오게 되어 정말 기쁘고 뿌듯합니다.

'The 바른 캄보디아어'를 쓰면서, 저는 제가 한국어를 처음 배우기 시작했을 때의 시간들을 떠올리며, 캄보디아어를 처음 공부하는 사람들이 보다 쉽고 재미있게, 무엇보다 정확하게 기초를 다질 수 있기를 바라면서 교재를 준비했습니다.

아직 부족한 가운데 항상 도와주시고 응원해 주신 많은 분들께 감사합니다. 사랑해 주시고 힘이 되어 주신 부모님과 교회분들, 늘 신경 써 주시고 많은 가르침을 주신 교수님들, 처음부터 끝까지 교재를 더 풍성하게 채워주시느라 애써주신 ECK 임승빈 실장님, 송영정 편집자님, 김여진 선생님, 그 밖에 함께 작업하신 많은 분들께 진심으로 감사합니다.

마지막으로 'The 바른 캄보디아어'가 캄보디아어를 공부하려고 하는 학습자들께 많은 도움이 되기를 바랍니다. 부족하거나 아쉬운 점도 있을 거라고 생각합니다. 의견 주시면 감사하게 받겠습니다. 그럼, 본 교재를 통해 캄보디아어를 재미있게 배우시기를 바랍니다.

다시 한 번 감사합니다.

시 스레이포

ជំរាបសួរ! ខ្ញុំ ឈ្មោះ ស៊ីវ ស្រីពៅ ជានិស្សិត មកពីប្រទេសកម្ពុជា។ ខ្ញុំ គឺជា និស្សិត អនុបណ្ឌិត ផ្នែក ភាសាអង់គ្លេស នៃសកលវិទ្យាល័យស្ត្រី ស៊ុកម្យុង។ ខ្ញុំ បានចាប់ផ្តើម សរសេរសៀវភៅនេះ ចាប់តាំងពី ២ ឆ្នាំមុនមកម្ល៉េះ។ ឥឡូវនេះ ខ្ញុំមាន សេចក្តី រំភើបជាខ្លាំង ដែល សៀវភៅនេះ បានបោះពុម្ពផ្សាយដូច្នេះ ។

នៅពេលដែល ខ្ញុំសរសេរសៀវភៅ 'The 바른 캄보디아어' នេះ ខ្ញុំបាននឹកចាំ ដល់ពេលវេលាដែលខ្ញុំ បានកំពុង រៀនភាសាកូរ៉េដំបូង ហើយ ខ្ញុំក៏បាន រៀបរាង សៀវភៅនេះឡើង ធ្វើយ៉ាងណាអោយ មានភាពងាយស្រួល ចំពោះអ្នកសិក្សា និង មានការចាប់អារម្មណ៍, ជាពិសេស គឺភាពច្បាស់លាស់ តាំងពីគ្រិះដំបូងមក។

ខ្ញុំ សូមថ្លែងអំណរគុណដល់ មនុស្សជាច្រើន ដែលតែងតែគាំទ្រ និងលើកទឹកចិត្តដល់ខ្ញុំ, បើទោះជា ខ្ញុំ មានភាពខ្វះខាត យ៉ាងណាក៏ដោយ។ ខ្ញុំ សូមអរគុណដល់ ក្រុមគ្រួសារ និង សមាជិកព្រះវិហារ ដែលតែងតែ ស្រលាញ់ និង ជួយជាកំលាំងចិត្ត ក្នុងការសរសេរសៀវភៅនេះ, លោកគ្រូ អ្នកគ្រូដែលបាន បង្ហាត់បង្រៀន និងផ្តល់ចំនេះដឹងជា ច្រើនដល់ខ្ញុំ, លោក អ៊ីម ស៊ីងពីន ដែលជានាយក ក្រុមហ៊ុន ECK, កញ្ញា សុង យ៉ង់ចង់ ដែលជា អ្នកកែតំរូវ, អ្នកគ្រូ គីម យ៉ជីន និង សមាជិក ជាច្រើនទៀត ដែលបាន ជួយជ្រោមជ្រែង ក្នុងការបោះពុម្ពសៀវភៅនេះ។

ជាចុងក្រោយ ខ្ញុំសង្ឃឹមថា 'The 바른 캄보디아어' នឹង អាចជាជំនួយដល់ លោកអ្នកដែល សិក្សាភាសាខ្មែរ។ ខ្ញុំ ដឹងថាសៀវភៅនេះ នឹងមានភាពខ្វះចន្លោះខ្លះៗ ជាមិនខាន។ ដូច្នេះហើយ ខ្ញុំ រងចាំទទួលរាល់ ការរិះគន់វ និង វិគន់ ក្នុងបំណងល្អទាំងឡាយ។ ខ្ញុំសង្ឃឹមថា លោកអ្នក នឹងសិក្សាភាសាខ្មែរដោយ ភាពរីករាយ។

សូមអរគុណជាចុងក្រោយ ម្តងទៀត។

ស៊ីវ ស្រីពៅ

책의 **구성**과 **특징**

🏯 예비학습

캄보디아어의 자음과 모음, 독립모음, 특수기호 등 캄보디아어 문자와 발음에 대해 자세히 설명하였습니다.
MP3 파일을 반복해서 듣고 따라 해 보세요.

🏯 본학습

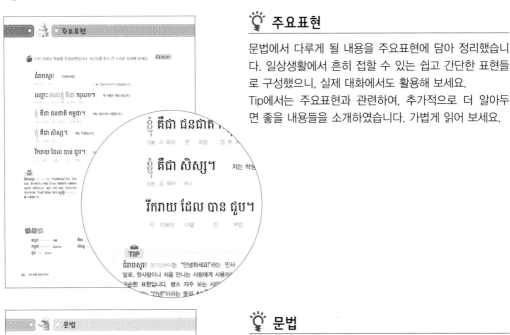

💡 주요표현

문법에서 다루게 될 내용을 주요표현에 담아 정리했습니다. 일상생활에서 흔히 접할 수 있는 쉽고 간단한 표현들로 구성했으니, 실제 대화에서도 활용해 보세요.
Tip에서는 주요표현과 관련하여, 추가적으로 더 알아두면 좋을 내용들을 소개하였습니다. 가볍게 읽어 보세요.

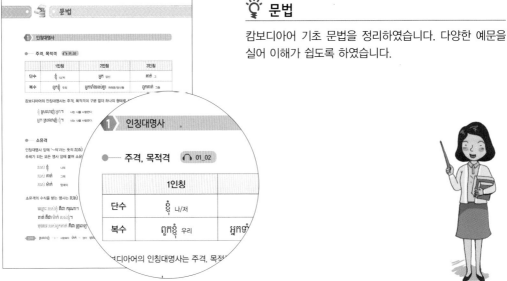

💡 문법

캄보디아어 기초 문법을 정리하였습니다. 다양한 예문을 실어 이해가 쉽도록 하였습니다.

💡 어휘

주요표현과 관련된 다양한 어휘들을 정리하였습니다.
파일을 반복해서 듣고 따라 말해 보세요.

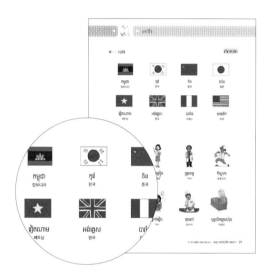

💡 연습문제

학습한 내용을 쓰기, 듣기 등 다양한 형식의 문제를
통해 정리하고 마무리할 수 있도록 하였습니다.

💡 문화

캄보디아의 다양한 문화를 소개하였습니다. 매 과의
학습이 끝나면 가볍게 읽으며 캄보디아의 문화를 접
해 보세요.

🌲 부록: 캄보디아어 쓰기연습

캄보디아어 자음과 모음을 올바른 쓰기 순서에 맞게
연습할 수 있도록 하였습니다.

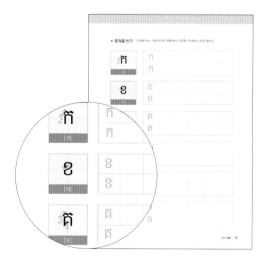

목차

내용 구성표

문법	어휘	문화
캄보디아 소개, 캄보디아어 소개, 캄보디아어 문자와 발음		
① 인칭대명사　　② គឺជា (~입니다)	나라, 직업	캄보디아의 인사예절
① នេះ, នោះ (이것, 저것/그것)　② មាន (있다) ③ 숫자 1~10　　④ 순서 말하기	가족	캄보디아의 선물문화
① ទីនេះ, ទីនោះ (여기, 저기/거기) ② ច្រើន, តិច (많다, 적다/조금) ③ សុំ (~을 주세요)	음식, 음료수	캄보디아의 식문화와 전통 음식
① នៅ~មាន … (~에 …이 있다)　② ចូលចិត្ត (~을/를 좋아하다)	가구, 과일	캄보디아의 교통수단
① 의문문　　② 과거시제	신체, 증상	캄보디아의 전통 스포츠
① ចេះ (~을/를 할 줄 알다) ② ចង់ (~하는 것을 원하다, ~하고 싶다) ③ '네/아니오' 대답하기	취미(1), 운동	캄보디아의 교육
① 미래시제 ② 시간, 날짜, 요일 묻고 답하기 ③ 숫자 10~100	요일과 달	캄보디아의 전통 옷
① 가격 묻고 답하기　　② 되묻기 ③ សូម (~을/를 해주세요)　④ 숫자 100~10,000,000	색깔, 옷	캄보디아의 전통 가옥
① ទៅ (~하러 가다) ② គ្រោងនឹង (~하려고 하다) ③ ត្រូវ (~해야 한다)	취미(2)	캄보디아의 속담
① អាច~បាន (~할 수 있다)　② 조수사	장소, 파티/의식	캄보디아의 전통 결혼식
① 진행시제　　② 접속사	다양한 동사	캄보디아의 명절
① ធ្លាប់ (~해 본 적이 있다)　② សាក~មើលទៅ (~해 보세요)	관광지, 형용사(1)	앙코르 와트
① បើចង់ (만약 ~하고 싶다면) ② មានតែ ~ ទេ (~밖에 없어요) ③ កុំ ~ អី (~하지 마세요)	양념과 맛	캄보디아 전통 춤 '앞사라'
① មកពី ~ បានជា … (~해서/이어서 …하다) ② ប្រហែលជា ~ ហើយមើលទៅ (~한/인 것 같다) ③ ~ក៏…ដែរ (~도 …하다)	성격 및 감정	캄보디아 전통 스카프 '끄러마'
① ៣ោះ (~하자) ② 비교급 ③ 최상급	영화장르, 형용사(2)	캄보디아의 전통 놀이

예비학습

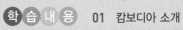

캄보디아 **소개**

캄보디아의 공식 명칭은 캄보디아 왕국(Kingdom of Cambodia)입니다. 수도는 프놈펜(Phnom Penh)이며, 태국, 라오스, 베트남과 경계를 이루고 있는 동남아시아 국가입니다.

캄보디아의 인구는 약 1,570만 명이며, 인구의 약 95%가 불교를 믿는 불교 국가입니다.

캄보디아의 상징과도 같은 앙코르 와트(Angkor Wat)는 세계에서 가장 큰 석조 건물로, 동남아 최대의 관광 명소로 꼽히기도 합니다. 이 앙코르 와트가 있는 시엠립(Siem Reap)이라는 도시는 캄보디아의 3대 도시 중 하나입니다.

다른 동남아시아 국가와 마찬가지로, 캄보디아의 날씨는 일년 내내 무덥고 따뜻합니다. 날씨는 우기와 건기로 나뉘어 있는데, 우기는 3월~10월, 건기는 11월~4월까지입니다. 12월~1월이 1년 중 가장 추우며, 4월이 가장 무덥습니다.

● 국기

캄보디아 국기는 파란색, 빨간색, 흰색의 3가지 색깔로 이루어져 있습니다. 파란색은 천연 자원과 문화 자원이 풍부한, 넓고 비옥한 땅을 가진 나라임을 뜻하고, 빨간색은 국가를 지키는 캄보디아인들의 강인한 투쟁 정신을 의미하며, 가운데 흰색은 캄보디아의 대표적인 문화유산인 앙코르 와트를 상징하는 동시에 불교국가임을 상징합니다.

● 국화

캄보디아의 국화는 흰색과 노란색의 롬둘(romduol)이라는 꽃입니다. 롬둘의 향기는 밤이 되면 더욱 짙어져 멀리까지 퍼져 나가는데, 캄보디아의 여인들은 이 롬둘의 향기를 비유하며 서로 칭찬을 하기도 합니다.

캄보디아어 **소개**

캄보디아의 언어를 우리는 흔히 캄보디아어라고 부르지만, 언어학적인 공식 명칭은 크메르어입니다. 캄보디아는 인구의 90% 이상이 크메르인이며, 소수민족으로 베트남계, 중국계 등이 공존하고 있습니다. 인구의 대부분을 크메르인이 차지하고 있어, 이들이 사용하는 크메르어가 캄보디아의 공식 언어입니다.

크메르어는 자음 33개, 모음 23개, 독립모음 12개와 특수기호로 이루어져 있습니다.

수도 프놈펜에서 사용하는 언어를 표준어로 하고 있으며, 왕족이나 승려에게만 특별히 사용하는 경어법도 있습니다. 한국과 마찬가지로, 각 지역의 사투리가 있습니다.

● 특징

－캄보디아어는 베트남어, 태국어 등의 인접 언어와 달리 성조가 없습니다.

－'주어 + 서술어 + 보어 / 목적어'의 순서로 말합니다.

　　🔊 나는 학생입니다: 나 + 입니다 + 학생

　　　나는 그녀를 좋아합니다: 나 + 좋아합니다 + 그녀

－형용사, 지시사 등의 수식어는 피수식어의 뒤에 옵니다.

　　🔊 큰 차: 차 + 큰

　　　매운 음식: 음식 + 매운

　　　이 옷: 옷 + 이

－주어의 수(단수·복수)나 시제에 따른 동사의 형태 변화가 없습니다. 대신, 과거 · 미래 · 진행형 등 특정 시제를 나타내는 접두사를 동사나 형용사 앞에 붙입니다.

캄보디아어 **문자**와 **발음**

💡 자음 (본자음과 다리자음)

캄보디아어의 자음은 33개이며, [어] 계열의 발음과 [오] 계열의 발음으로 이루어져 있습니다. 본 교재는 [어] 계열의 발음이 나는 자음을 '제 1자음', [오] 계열의 발음이 나는 자음을 '제 2자음'이라고 구분하였습니다.

각 자음은 본자음과 다리자음이 있습니다. 본자음은 대문자, 다리자음은 본자음의 소문자 형태로, 하나의 단어에 두 개 이상의 자음을 연이어 표기할 때 사용합니다.

🎧 00_01

• 검은색은 제 1자음
• 파란색은 제 2자음

본자음	ក	ខ	គ	ឃ	ង
다리자음	្ក	្ខ	្គ	្ឃ	្ង
발음	[꺼]	[커]	[꼬]	[코]	[응오]
본자음	ច	ឆ	ជ	ឈ	ញ
다리자음	្ច	្ឆ	្ជ	្ឈ	្ញ
발음	[쩌]	[처]	[쪼]	[초]	[뇨]
본자음	ដ	ឋ	ឌ	ឍ	ណ
다리자음	្ដ	្ឋ	្ឌ	្ឍ	្ណ
발음	[더]	[터]	[도]	[토]	[너]

본자음	ត̃	ថ	ទ	ឌ̃	ឌ
다리자음	្ត	្ថ	្ទ	្ឌ	្ឍ
발음	[떠]	[터]	[또]	[토]	[노]
본자음	ប	ផ	ព	ភ̃	ម
다리자음	្ប	្ផ	្ព	្ភ	្ម
발음	[버]	[퍼]	[뽀]	[포]	[모]
본자음	យ	រ	ល	វ	
다리자음	្យ	្រ	្ល	្វ	
발음	[요]	[ㄹ로]	[로]	[워오]	
본자음	ស	ហ	ឡ	អ	
다리자음	្ស	្ហ	없음	្អ	
발음	[써]	[허]	[러]	[어]	

💡 모음

캄보디아어의 모음은 23개입니다. 여기에 숨겨진 모음이 1개 있는데, 숨겨진 모음이란 각 자음에 이미 들어 있는 [어]와 [오] 음을 말하는 것으로, 모음 없이 자음만으로 발음이 되는 형태를 말합니다. 모음은 각각의 모양에 따라 자음의 상하좌우에 위치하며, 하나의 자음에 두 개의 모음이 붙을 수도 있습니다.

모음은 제 1자음과 제 2자음을 만날 때 각각 달리 발음하기 때문에 각 모음은 두 개의 음가를 가집니다.

🎧 00_02

• 검은색은 제 1자음을 만났을 때의 음가
• 파란색은 제 2자음을 만났을 때의 음가

◌ា	◌ិ	◌ី	◌ឹ	◌ឺ	◌ុ
[아]	[에]	[에이]	[어]	[어으]	[오]
[이어]	[이]	[이:]	[으]	[으:]	[우]
◌ូ	◌ួ	ើ	ឿ	ៀ	◌ោ
[오:]	[우어]	[아으]	[으어]	[이으]	[에이]
[우:]	[우어]	[어으]	[으어]	[이으]	[에]
◌ោ	◌ៅ	◌ុំ	◌ំ	◌ាំ	◌ះ
[아에]	[아이]	[아오]	[아으]	[옴]	[엄]
[애:]	[에이]	[오]	[어으]	[움]	[옴]
◌ាំ	◌ិះ	◌ុះ	ើះ	ោះ	
[암]	[아ㅎ]	[오ㅎ]	[에이ㅎ]	[어ㅎ]	
[오엄]	[에아ㅎ]	[우ㅎ]	[에ㅎ]	[우어ㅎ]	

※ '자음 + 모음' 발음 연습　　　　　　　　　　　🎧 00_03

제 1자음 ╲ 제 2자음	모음	자음 + 모음	발음
ក	ា	កា	까
គ		គា	끼어
ក	ិ	កិ	께
គ		គិ	끼
ក	ី	កី	께이
គ		គី	끼:
ក	ឹ	កឹ	꺼
គ		គឹ	끄
ក	ឺ	កឺ	꺼으
គ		គឺ	끄:
ក	ុ	កុ	꼬
គ		គុ	꾸

제 1자음 〰 제 2자음	모음	자음 + 모음	발음
កâ	◌ុ	កុ	꼬:
គâ		គុ	꾸:
កâ	◌ូ	កូ	꾸어
គâ		គូ	꾸어
កâ	ើ	កើ	까으
គâ		គើ	꺼으
កâ	ឿ	កឿ	끄어
គâ		គឿ	끄어
កâ	ៀ	កៀ	끼어
គâ		គៀ	끼어
កâ	េ	កេ	께이
គâ		គេ	께
កâ	ែ	កែ	까에
គâ		គែ	깨:

제 1자음 / 제 2자음	모음	자음 + 모음	발음
ក	ើ	កើ	까이
គ		គើ	께이
ក	ៅ	កៅ	까오
គ		គៅ	꼬
ក	ៅ	កៅ	까으
គ		គៅ	꺼으
ក	ុំ	កុំ	꼼
គ		គុំ	꿈
ក	ំ	កំ	껌
គ		គំ	꼼
ក	ាំ	កាំ	깜
គ		គាំ	꼬엄
ក	ះ	កះ	까ㅎ
គ		គះ	께아ㅎ

제 1자음 \ 제 2자음	모음	자음 + 모음	발음
ក៝	◌ុះ	ក៝ុះ	꼬ㅎ
គ៝		គ៝ុះ	꾸ㅎ
ក៝	េ◌ះ	កេ៝ះ	께이ㅎ
គ៝		គេ៝ះ	께ㅎ
ក៝	េ◌ាះ	កៅ៝ះ	꺼ㅎ
គ៝		គៅ៝ះ	꾸어ㅎ

※ '자음 + 모음'에서 주의할 점

ប에 다음과 같은 모음이 붙을 경우에는 ពា와 구분하기 위해 표기를 달리합니다.

ប + ◌ា → បា

ប + េ◌ា → បោ

ប + េ◌ៅ → បៅ

ប + េ◌ាះ → បោះ

※ 음가형태

캄보디아어는 다음과 같은 형식으로 음가를 냅니다.

● 자음 + 모음

ការ៖ 꺼ʰ 섬 → ក + ោ៖

តុ 똑 탁자 → ត + ុ

ទា 띠어 오리 → ទ + ា

ខាំ 캄 물다 → ខ + ាំ

● 자음 + 모음 + 자음

ខឹង 컹 화나다 → ខ + ឹ + ង

ថើប 타읍 뽀뽀하다 → ថ + ើ + ប

ចាប 짜압 새 → ច + ា + ប

ហើរ 하으 날다 → ហ + ើ + រ

● 자음 + 다리 + 모음

ខ្លា 클라 호랑이 → ខ + ្ល + ា

ឆ្កែ 츠까에 개 → ឆ + ្ក + ែ

ថ្នាំ 트남 약 → ថ + ្ន + ាំ

ផ្ទះ 프떼아ʰ 집 → ផ + ្ទ + ះ

● 자음 + 다리 + 모음 + 자음

ស្លាប 쓸라압 날개 → ស + ្ល + ា + ប

ក្តាម 크담 게 → ក + ្ត + ា + ម

ក្អែក 크아엑 까마귀 → ក + ្អ + ែ + ក

ភ្នែក 프낵 눈 → ភ + ្ន + ែ + ក

💡 독립모음

독립모음은 자음과 모음 없이 단독으로 사용하는 글자입니다. 총 12개이며, 각 글자는 고유의 음가를 가집니다.

🎧 00_04

ឥ	ឦ	ឧ	ឩ
[에이]	[에이]	[우]	[어으]
ឫ	ឬ	ឭ	ឮ
[르]	[르으~]	[르르]	[르르~]
ឯ	ឰ	ឱ	ឳ
[아에]	[아이]	[아오]	[어으]

● 독립모음이 들어간 단어

ឥឡូវ	에이러우	지금		ឭ	르르	늘었다
ឧស្សាហ៍	우 싸	부지런하다		ឯណា	아에 나	어디에
ឪឡឹក	어으 럭	수박		ប្រស្សី	르 세이	대나무
ឱកាស	아오 까ㅎ	기회		ឬ	르르	또는
ឪពុក	어으 뿍	아버지				

특수기호

번떡이라고 합니다. 번떡은 항상 마지막 자음 위에 표기하며, 강조하여 발음하는 엑센트 기호입니다.

ស + ក + $\overset{\prime}{\bigcirc}$ → សក់ _썩 머리카락

ក + ា + ត + $\overset{\prime}{\bigcirc}$ → កាត់ _깟 자르다

ធ + $\underset{\circ}{\bigcirc}$ + ា + ក + $\overset{\prime}{\bigcirc}$ → ធ្លាក់ _{틀레악} 떨어지다

레익또라고 합니다. 레익또의 역할은 레익또 앞에 위치하는 단어를 두 번 반복해서 읽도록 합니다. 단어의 의미에 따라 연결된 단어 모두를 반복해 읽거나, 하나의 단어만 반복해 읽기도 합니다.

ម្នាក់ៗ _{머네악 머네악} 각 사람

យឺតៗ _{여읏여읏} 천천히

តូចទៅៗ _{또잇떠으 또잇떠으} 작아지다

ធំទៅៗ _{톰떠으 톰떠으} 커지다

ដាក់ជាបីៗ _{닥찌어바이바이} 3개씩 놓다

번떡삐 또는 섬랍비라고 합니다. 섬랍비는 [오] 계열 자음에 붙어 [어] 계열 자음으로 바꿔주는 역할을 합니다. [오] 계열 자음 중 아래 자음에만 사용합니다.

ង	[응오]	ង៉	[응어]
ញ	[뇨]	ញ៉	[녀]
ម	[모]	ម៉	[머]
យ	[요]	យ៉	[여]
រ	[로]	រ៉	[러]
រ	[워오]	រ៉	[워어]

ស្រង៉ាក　쓰러 응악　실망하다

ម៉ូរម៉ៅ　무어 마으　짜증나다

យ៉ាងម៉េច　양 맷　어떻게

រ៉ែ　라에　광물

វ៉ៃ　와이　때리다

드레이쌉이라고 합니다. 드레이쌉은 [어] 계열 자음에 붙어 [오] 계열 자음으로 바꿔주는 역할을 합니다. [어] 계열 자음 중 아래 자음에만 사용합니다.

ប	[버]	ប៊	[보]
ស	[써]	ស៊	[쏘]
ហ	[허]	ហ៊	[호]
អ	[어]	អ៊	[오]

ប៊ិច 베잇 볼펜   ស៊ុត 쏟 알

ហ៊ាន 히언 ~할 용기가 있다   អ៊ុំ 움 큰이모, 큰삼촌

※ 번떡삐 ៉ 와 드레이쌉 ៊ 의 예외적 표기법

៉ 와 ៊ 은 모음 중 ិ, ី, ឹ, ឺ, ុ, ើ, ុំ 와 만나면, 모음 ្ 로 바뀝니다.

អ + ៊ + ើ → អ៊ី 이 이모

ញ + ៉ + ុំ → ញ៉ុំ 냠 먹다

그러나 자음 ប 에는 다르게 적용됩니다.

ប៉ 는 모음 ិ, ី, ឹ, ឺ, ុ, ើ, ុំ 와 만날 때 ៉ 가 ្ 로 바뀌고, ប៊ 는 ៊ 을 바꾸지 않고 그대로 씁니다.

ប + ៉ + ើ → ប៉ី 빼이 플루트

ប + ៊ + ិ + ច → ប៊ិច 베잇 펜

ំ
쌈욕 싼냐라고 합니다. 쌈욕 싼냐는 자음 រ, ក, យ, ត, ណ, ព 앞에 나오며, 쌈욕 싼냐 뒤나 밑에 있는 자음에 따라 발음이 달라집니다. 그러나 정확한 규칙이 없어 단어들을 각각 외워야 합니다.

ំរ	오어	→	ទំព័រ	똠뿌어	페이지
ំក	악	→	បុណ្យស័ក្ត	본삭	지위
	에악	→	មិត្តភ័ក្ត	먿페악	친구
ំយ	아이	→	បណ្ណាល័យ	번나라이	도서관
	에이	→	ទង់ជ័យ	뚱쩨이	깃발
ំត	앋	→	ប្រយ័ត្ន	쁘러얃	주의
ំណ	안	→	ខ័ណ្ឌ	칸	구
ំព	압	→	ស័ព្ទ	쌉	소리
	우업	→	ទ័ព	뚜업	군인

័
아쓰다라고 합니다. 아쓰다는 자음 ក, ង 위에만 쓸 수 있습니다.

ក័ 꺼 ~도   ង័ 더 아주

៎
로빠드라고 합니다. 로빠드는 자음 ក, ម, ណ, ត 위에만 쓸 수 있으며, 이들 자음 위에 로빠드가 있으면 [오어]라고 발음합니다.

គភ៌ 꼬어 임신   ធម៌ 토어 말씀   ពត៌មាន 뽀어더미은 뉴스

ៈ 또안 나 키이알이라고 합니다. 단어 끝의 자음 위에 붙이면 그 자음은 묵음이 됩니다.

ប្រយោជន៍ 쁘러야웆   유익   អាចម៍ 앚   똥

ឧស្សាហ៍ 우싸   부지런하다   ឧទាហរណ៍ 우띠어허   예문

អនុវត្តន៍ 아누왙   연습하다

ៈ 유카 리악 쁜투라고 합니다. 일반적으로 단어의 끝음절 자음에 붙이고 [리악]으로 발음
합니다.

ធុរៈ 투리악   일, 바쁨

ភារៈ 피어리악   의무가 있다

ំ 감탄이나 놀라움을 표현할 때 씁니다.

នុះ 누ㅎ   저기!

អា៎ 아   아~

기초**생활표현**

● 기본 인사

ជំរាបសួរ! 쭘리업쑤어   안녕하세요!
សួស្ដី! 쑤어쓰따이   안녕!

● 처음 만날 때

A: ជំរាបសួរ! 쭘리업쑤어   안녕하세요!
B: រីករាយ ដែលបាន ជួប។ 릭리예이 다엘반쭈업   만나서 반갑습니다.

● 헤어질 때

A: ជំរាបលា។ 쭘리업리어   안녕히 계세요./안녕히 가세요.
B: ចាំ, ជួបគ្នា ពេលក្រោយ។ 짜. 쭈업크니어뺄끄라우이   네, 다음에 봐요.

● 안부를 물을 때

A: សុខសប្បាយទេ? 쏙써바이떼   잘 지내요?
B: ចាំ, សុខសប្បាយទេ។ 짜. 쏙써바이떼   네, 잘 지내요.
ចុះអ្នកវិញ? 쪼ㅎ네악왜잉   당신은요?

● 사과할 때

A: សុំទោស។ 쏨또ㅎ 죄송합니다.

B: មិនអីទេ។ 믄아이떼 괜찮습니다.

● 감사할 때

A: អគុណ។ 어꾼 고맙습니다.

B: មិនអីទេ។ 믄아이떼 괜찮습니다.

● 자기 전에

រាត្រីសួស្ដី។ 리어뜨레이쑤어쓰따이 안녕히 주무세요.

● 기타

នឿយហត់ហើយ។ 느의 헛하으이 수고하셨습니다.

អាយុប៉ុន្មាន? 아유 뿐만 몇 살이에요?

ខានជួបគ្នាយូរហើយ។ 칸 쭈업크니어 유하으이 오랜만이에요.

ញ៉ាំបាយនៅ? 냠 바이너으 밥 먹었이요?

ធ្វើបានល្អណាស់។ 투워반 러어 나ㅎ 잘했어요.

ខ្ញុំ នឹក អ្នក។ 크놈 늑 네악 보고 싶어요.

ឈ្មោះ របស់ខ្ញុំ គឺជា ករុណា។

제 이름은 까로나입니다.

이번 과에서 학습할 주요표현입니다. 오디오를 듣고 큰 소리로 따라해 보세요. 🎧 01_01

ជំរាបសួរ!   안녕하세요!
쭘 리업 쑤어

→ 캄보디아어의 마침표입니다.

ឈ្មោះ របស់ខ្ញុំ គឺជា ករុណា។   제 이름은 까로나입니다.
처무어ㅎ 로버ㅎ 크뇸 끄 찌어 까로나

ខ្ញុំ គឺជា ជនជាតិ កម្ពុជា។   저는 캄보디아 사람입니다.
크뇸 끄 찌어 쫀 찌얻 깜 뿌 찌어

ខ្ញុំ គឺជា សិស្ស។   저는 학생입니다.
크뇸 끄 찌어 써ㅎ

រីករាយ ដែល បាន ជួប។   만나서 반갑습니다.
릭 리예이 다엘 반 쭈업

TIP

ជំរាបសួរ! 쭘리업쑤어는 "안녕하세요!"라는 인사
말로, 윗사람이나 처음 만나는 사람에게 사용하는
공손한 표현입니다. 평소 자주 보는 사이이거나
친구끼리는 "안녕!"이라는 뜻의 សួស្ដី! 쑤어쓰따이
를 사용합니다.

 새 단 어

ឈ្មោះ 처무어ㅎ 이름	គឺជា 끄찌어 ~이다	ជនជាតិ 쫀찌얻 국적(~나라 사람)
កម្ពុជា 깜뿌찌어 캄보디아	សិស្ស 써ㅎ 학생	រីករាយ 릭리예이 반갑다
ជួប 쭈업 만나다		

문법

1 인칭대명사

● ── 주격, 목적격 🎧 01_02

	1인칭	2인칭	3인칭
단수	ខ្ញុំ 나/저	អ្នក 당신	គាត់ 그
복수	ពួកខ្ញុំ 우리	អ្នកទាំងអស់គ្នា 여러분/당신들	ពួកគាត់ 그들

캄보디아어의 인칭대명사는 주격, 목적격의 구분 없이 하나의 형태로 사용합니다.

> ខ្ញុំ ស្រលាញ់ អ្នក។   나는 너를 사랑한다.
>
> អ្នក ស្រលាញ់ ខ្ញុំ។   너는 나를 사랑한다.

● ── 소유격

인칭대명사 앞에 '～의'라는 뜻의 **របស់** 로버ㅎ를 붙이면 소유격이 됩니다. 인칭대명사 외에도 소유의 주체가 되는 모든 명사 앞에 붙여 소유격을 나타냅니다.

> របស់ **ខ្ញុំ**   나의
>
> របស់ **គាត់**   그의
>
> របស់ **ម៉ាក់**   엄마의

소유격의 수식을 받는 명사는 **របស់** 로버ㅎ의 앞에 위치합니다.

> ឈ្មោះ របស់ខ្ញុំ **គឺជា កុណា។**   저의 이름은 까로나입니다.
>
> **គាត់ គឺជា** ម៉ាក់ របស់ខ្ញុំ។   그분은 저의 엄마입니다.
>
> មុខរបរ របស់ពួកគាត់ **គឺជា គ្រូពេទ្យ។**   그분들의 직업은 의사입니다.

● 단어 ── ស្រលាញ់ 쓰럴란 사랑하다   ម៉ាក់ 막 엄마   មុខរបរ 목로버 직업   គ្រូពេទ្យ 끄루뺀 의사

2 គឺជា (~입니다)

គឺជា 끄찌어는 '~입니다'라는 뜻으로, 주어의 '이름'이나 '국적', '직업' 등을 말할 때 사용합니다. 영어의 be동사와 같은 순서로 사용하지만, 주어의 수에 따라 단수·복수형으로 변하지 않고 동일한 형태로 사용합니다.

주어 + គឺជា + 명사។

ខ្ញុំ គឺជា ជនជាតិ កូរ៉េ។	저는 한국 사람입니다.
គាត់ គឺជា ម៉ាក់ របស់ខ្ញុំ។	그분은 저의 엄마입니다.
ពួកគាត់ គឺជា គ្រូពេទ្យ។	그분들은 의사입니다.

'~가 아닙니다'라고 말할 때는, គឺជា 끄찌어 대신 មិនមែនជា 믄멘찌어를 쓰고 문장의 마지막에 ទេ 떼를 씁니다. 캄보디아어의 부정문은 문장 마지막에 ទេ 떼를 붙입니다.

ខ្ញុំ មិនមែនជា ជនជាតិ កូរ៉េទេ។	저는 한국 사람이 아닙니다.
គាត់ មិនមែនជា ម៉ាក់ របស់ខ្ញុំទេ។	그분은 저의 엄마가 아닙니다.
ពួកគាត់ មិនមែនជា គ្រូពេទ្យទេ។	그분들은 의사가 아닙니다.

● 나라

🎧 01_03

កម្ពុជា
캄보디아

កូរ៉េ
한국

ចិន
중국

ជប៉ុន
일본

វៀតណាម
베트남

អង់គ្លេស
영국

បារាំង
프랑스

អាមេរិក
미국

● 직업

សិស្ស
학생

គ្រូបង្រៀន
선생님

គ្រូពេទ្យ
의사

កីឡាករ
운동선수

ប៉ូលីស
경찰

អ្នកចម្រៀង
가수

ចុងភៅ
요리사

បុគ្គលិកក្រុមហ៊ុន
직장인

1

주어진 단어를 순서에 맞게 배열하여 문장을 완성해 보세요.

1) ករុណា / របស់ / ឈ្មោះ / គឺជា / ខ្ញុំ

   _____ ។

2) គឺជា / សិស្ស / ខ្ញុំ

   _____ ។

3) ករុណា / ទេ / មិនមែនជា / ខ្ញុំ

   _____ ។

4) ដែលបាន / រីករាយ / ជួប

   _____ ។

2

다음 문장을 부정문으로 써 보세요.

1) នាង គឺជា កីឡាករ។

   _____

2) គាត់ គឺជា ជនជាតិវៀតណាម។

   _____

3) ម៉ាក់ របស់ខ្ញុំ គឺជា អ្នកចំរៀង។

   _____

4) ពូកខ្ញុំ គឺជា សិស្ស។

   _____

3 다음 문장을 캄보디아어로 써 보세요.

1) 저는 가수입니다.

_____

2) 그분은 중국 사람이 아닙니다.

_____

3) 우리는 미국 사람입니다.

_____

4) 그녀의 엄마는 요리사가 아닙니다.

_____

4 문제를 듣고 빈칸을 받아써 보세요. 🎧 01_04

1) នាង _____ ចុងភៅ _____ ។

2) _____ គឺជា _____ របស់នាង។

3) ខ្ញុំ គឺជា _____ ។

4) _____ មិនមែនជា _____ ទេ។

▌캄보디아의 인사예절

캄보디아에서 인사예절은 매우 중요합니다. 캄보디아에서는 기본적으로 손을 앞으로 모아 합장하고 허리를 굽혀 인사를 하는데, 상대방의 나이나 지위에 따라서 합장한 손의 높이가 달라집니다. 이것을 '썸뻬아'라고 합니다. 상대방의 지위가 높을수록 손의 위치가 높아지며, 다음 5단계로 나누어집니다.

친구	손을 앞으로 모아서 가슴까지 올려 인사합니다.	
나이가 많은 상대	손을 앞으로 모아서 입까지 올려 인사합니다.	
할아버지, 할머니, 부모님, 선생님	손을 앞으로 모아서 코까지 올려 인사합니다.	
스님, 왕	손을 앞으로 모아서 눈썹까지 올려 인사합니다.	
불교의 신	손을 앞으로 모아서 이마까지 올려 소원을 빕니다.	

✱ '썸뻬아'는 만났을 때뿐만 아니라, 감사할 때, 사과할 때, 헤어질 때 하는 모든 인사에 적용됩니다.

គ្រួសារ របស់ខ្ញុំ មាន ៥នាក់។

저의 가족은 5명입니다.

이번 과에서 학습할 주요표현입니다. 오디오를 듣고 큰 소리로 따라해 보세요. 🎧 02_01

នេះ គឺជា រូបថត គ្រួសារ របស់ខ្ញុំ។
니ㅎ 끄 찌어 룹 털 끄루 사 로버ㅎ 크놈

이것은 저의 가족사진입니다.

គ្រួសារ របស់ខ្ញុំ មាន ៥នាក់។
끄루 싸 로버ㅎ 크놈 미언 쁘람 네악

저의 가족은 5명입니다.

ប៉ា, ម៉ាក់, បងស្រី និង ប្អូនប្រុស។
빠 막 벙 쓰라이 능 빠온 쁘러ㅎ

아빠, 엄마, 누나 그리고 남동생입니다.

ខ្ញុំ គឺជា កូន ទី២។
크놈 끄 찌어 꼰 띠 삐

저는 둘째입니다.

ខ្ញុំ អត់មាន បងប្រុសទេ។
크놈 엇 미언 벙 쁘러ㅎ 때

저는 형이 없습니다.

TIP

캄보디아어는 가족을 칭할 때 외가와 친가, 여성과 남성의 호칭에 구분이 없습니다.
예를 들면, 친할아버지와 외할아버지 모두 លោកតា 록따라고 부르고, 여성과 남성 모두 손위 남자형제는 បងប្រុស 벙쁘러ㅎ, 손위 여자형제는 បងស្រី 벙쓰라이라고 부릅니다.

 새 단어

នេះ	니ㅎ 이것	រូបថត	룹털 사진	គ្រួសារ	끄루사 가족
មាន	미언 있다	៥	쁘람 5	នាក់	네악 명
ប៉ា	빠 아빠	បងស្រី	벙쓰라이 누나/언니	និង	능 그리고
ប្អូនប្រុស	빠온쁘러ㅎ 남동생	កូន	꼰 자식	ទី២	띠삐 둘째
អត់មាន	엇미언 없다	បងប្រុស	벙쁘러ㅎ 형/오빠		

1 នេះ, នោះ (이것, 저것/그것)

នេះ 니흐, នោះ 누흐는 사물을 가리키는 지시대명사로, '이것'은 នេះ 니흐, '저것', '그것'은 모두 នោះ 누흐라고 합니다. 명사를 수식하는 형용사로도 쓰이며, 이때는 명사의 뒤에 옵니다.

នេះ គឺជា រូបថត។	이것은 사진입니다.
នោះ គឺជា សៀវភៅ។	저것은 책입니다.
នេះ គឺជា រូបថត របស់អ្នក។	이것은 당신의 사진입니다.
នោះ គឺជា សៀវភៅ របស់នាង។	저것은 그녀의 책입니다.
រូបថត នេះ	이 사진
សៀវភៅ នោះ	저 책

2 មាន (있다)

'있다'라는 뜻의 캄보디아어는 មាន 미언입니다. '~을 가지고 있다'라는 소유의 개념뿐만 아니라 '(~에) ~이 있다'라는 의미로도 쓰입니다.

ខ្ញុំ មាន បងស្រី ២ នាក់។	저는 언니/누나가 2명 있어요.
គាត់ មាន កូនប្រុស ៣ នាក់។	그는 아들이 3명 있어요.

'없다'라는 말은 មាន 미언에 부정사 អត់ 엇 또는 មិន 믄을 붙여 អត់មាន 엇미언 또는 មិនមាន 믄미언이라고 합니다. 이때는 부정문이므로, 문장 끝에 ទេ 떼를 붙이는 것 잊지 마세요.

ខ្ញុំ អត់មាន បងស្រី ទេ។	저는 언니/누나가 없어요.
ខ្ញុំ អត់មាន កូនស្រី ទេ។	저는 딸이 없어요.

단어 សៀវភៅ 시우퍼으 책   កូនប្រុស 꼰쁘러흐 아들   កូនស្រី 꼰쓰라이 딸

3 숫자 1~10

캄보디아에서는 아라비아 숫자와 캄보디아 고유 숫자를 모두 사용합니다. 🎧 02_02

០ 쏜	0	១ 모이	1
២ 삐	2	៣ 바이	3
៤ 보언	4	៥ 쁘람	5
៦ 쁘람 모이	6	៧ 쁘람 삐	7
៨ 쁘람 바이	8	៩ 쁘람 보언	9
១០ 덥	10		

6~9를 읽을 때는, 5에 1~4를 각각 더해가는 형식으로 읽습니다.

6 = 5 + 1 → 쁘람 모이

7 = 5 + 2 → 쁘람 삐

8 = 5 + 3 → 쁘람 바이

9 = 5 + 4 → 쁘람 보언

4 순서 말하기

'첫 번째', '두 번째' 등 순서를 말할 때는 숫자 앞에 ទី 띠를 붙입니다. ទី 띠는 우리말의 '~ 번째'와 같습니다. 순서가 명사를 꾸밀 때, 명사는 ទី 띠 앞에 옵니다.

명사 + ទី + 숫자

ទី១   첫째, 첫 번째, 맨 처음

បងស្រី ទី១   첫째 언니/누나

ឆ្នាំ ទី៣   세 번째 해

단어 ឆ្នាំ 츠남 해

● ─── 가족

🎧 02_03

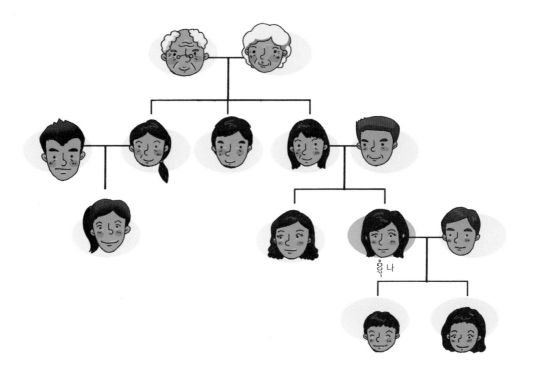

លោកតា/ជីតា	할아버지	លោកយាយ/ជីដូន	할머니
ឪពុក/ប៉ា	아버지/아빠	ម្ដាយ/ម៉ាក់	어머니/엄마
បងប្រុស	오빠/형	បងស្រី	언니/누나
ប្ដី	남편	ប្រពន្ធ	아내
ប្អូនប្រុស	남동생	ប្អូនស្រី	여동생
អ៊ំប្រុស	큰삼촌(부모님의 손위 남자형제)	អ៊ំស្រី	큰이모(부모님의 손위 여자형제)
ពូ	작은삼촌(부모님의 남동생)	មីង	작은이모(부모님의 여동생)
បងជីដូនមួយ	사촌 언니/누나, 오빠/형	ប្អូនជីដូនមួយ	사촌 동생
កូនប្រុស	아들	កូនស្រី	딸

1 주어진 단어를 순서에 맞게 배열하여 문장을 완성해 보세요.

1) នេះ / រូបថត / គឺជា

_____ ។

2) គាត់ / ទេ / ពូ / អត់មាន

_____ ។

3) ២ / នាក់ / មាន / ខ្ញុំ / កូន

_____ ។

4) គ្រួសារ / រូបថត / នោះ / របស់ខ្ញុំ / គឺជា

_____ ។

2 다음 문장을 부정문으로 써 보세요.

1) គាត់ មាន កូនប្រុស។

_____

2) នាង មាន បងស្រី។

_____

3) ខ្ញុំ មាន បងជីដូនមួយ។

_____

4) ប៉ា របស់ខ្ញុំ មាន បងប្រុស។

_____

3 다음 문장을 캄보디아어로 써 보세요.

1) 저의 가족은 3명입니다.

_____

2) 저것은 아빠의 사진입니다.

_____

3) 저의 작은이모는 딸이 4명 있습니다.

_____

4) 저는 사촌 동생이 없습니다.

_____

4 문제를 듣고 화자가 말한 숫자를 써 보세요. 🎧 02_04

1) _____

2) _____

3) _____

4) _____

캄보디아의 선물 문화

　캄보디아의 선물 문화에 대해 알아보겠습니다. 먼저, 집들이 선물로는 과일, 꽃, 음료수, 과자 등을 주거나 집에서 유용하게 사용할 만한 물건을 줍니다. 이때 반드시 피해야 할 선물이 있는데, 그것은 바로 칼과 신발입니다. 칼은 '관계를 끊겠다', 신발은 '헤어짐'을 의미하는 것이라고 믿기 때문입니다.

　결혼식의 경우에는 선물보다는 축의금을 선호합니다. 이때 축의금을 검은 봉투에 담아 주는 것은 피해야 합니다.

　캄보디아에서는 생일이 그리 큰 의미가 있는 날이 아니었습니다. 생일을 챙기지 않다보니, 자신의 생일이 언제인지도 모르는 사람들이 대부분이었습니다. 그러나 근래에 들어 생일을 기억하고 챙기는 문화로 점점 바뀌어 가고 있습니다. 그래서 요즘 젊은 세대들은 소중한 사람들의 생일을 기억하며 선물로 마음을 표현하곤 합니다.

　생일 선물은 내용도 중요하지만 특히 포장에 신경을 써야 합니다. 포장지의 색깔은 흰색이나 검은색을 사용하면 안되는데, 흰색과 검은색은 캄보디아 사람들에게 '슬픔과 애도'를 의미하는 색이기 때문입니다. 그래서 보통 화려한 색의 포장지를 사용해 선물을 포장합니다.

　캄보디아에서는 선물을 준 상대방 앞에서 선물을 뜯어보는 것은 예의가 아니니 주의해야 합니다.

ទីនេះ គឺជា ហាងលក់ឈ្មោះ។

여기는 유명한 식당이에요.

 이번 과에서 학습할 주요표현입니다. 오디오를 듣고 큰 소리로 따라해 보세요. 🎧 03_01

ទីនេះ គឺជា ហាង ល្បីល្បាះ។ 여기는 유명한 식당입니다.

띠 니ㅎ 끄 찌어 하앙 러바이쳐무어

ទីនេះ មាន ម្ហូបឆ្ងាញ់ ច្រើនណាស់។ 여기는 맛있는 음식이 아주 많이 있어요.

띠 누ㅎ 미언 머홉 충안 쯔라은 나ㅎ

ហេវ ណាស់។ 너무 배고파요.

헤우 나ㅎ

សុំ គុយទាវ 1 និង កាហ្វេទឹកកក 1។ 쌀국수 하나랑 아이스커피 하나 주세요.

쏨 꾸이 띠우 모이 능 가 훼 뜩 껏 모이

TIP

'식당'이란 단어는 ភោជនីយដ្ឋាន 포츠니어탄과 ហាងបាយ 하앙바이 또는 ហាង 하앙이 있는데, ភោជនីយដ្ឋាន은 비교적 '고급 식당'을 말하고, 일반적인 '식당', '밥집'이란 단어는 ហាងបាយ 또는 ហាង을 많이 씁니다. 식당에서 종업원을 부를 때는, '오빠, 형, 언니, 누나'의 뜻을 가지고 있는 បង 벙 이라는 표현을 많이 씁니다.

ហាង 하앙 식당	ល្បីល្បាះ 러바이쳐무어 유명하다	ម្ហូប 머홉 음식
ឆ្ងាញ់ 충안 맛있다	ច្រើន 쯔라은 많다	ណាស់ 나ㅎ 엄청, 너무
ហេវ 헤우 배고프다	គុយទាវ 꾸이 띠우 쌀국수	កាហ្វេទឹកកក 가훼 뜩껏 아이스커피

문법

1 ទីនេះ, ទីនោះ (여기, 저기/거기)

장소를 가리키는 지시대명사입니다. '여기'는 ទីនេះ 띠닣, '저기'와 '거기'는 모두 ទីនោះ 띠눟라고 합니다.

ទីនេះ គឺជា ភោជនីយដ្ឋាន។	여기는 식당입니다.
ទីនោះ គឺជា សាលារៀន។	저기(거기)는 학교입니다.
ទីនេះ គឺជា ផ្ទះ របស់គាត់។	여기는 그분의 집입니다.
ទីនោះ គឺជា សាលារៀន របស់ខ្ញុំ។	저기(거기)는 저의 학교입니다.

2 ច្រើន, តិច (많다, 적다/조금)

ច្រើន 쯔라은은 '많다', តិច 뗏은 '적다', '조금'이라는 뜻입니다. '많다'라는 의미로 ច្រើន 쯔라은 대신 ខ្លាំង 클랑을 쓰기도 하는데, 자세한 용법은 아래와 같습니다.

• '많다'와 '적다'가 동사를 수식하는 경우
  '많다', '적다' 모두 동사 뒤에 위치하며, '많다'가 동사를 수식하는 경우에는 ខ្លាំង 클랑이 아닌 ច្រើន 쯔라은을 씁니다.

동사 + ច្រើន/តិច

| ខ្ញុំ ញ៉ាំ ច្រើន។ | 저는 많이 먹어요. |
| គាត់ ញ៉ាំ តិច។ | 그분은 조금 먹어요. |

<hr>

단어 ផ្ទះ 프떼앟 집 សាលារៀន 쌀라리언 학교 ញ៉ាំ 냠 먹다

● '많다'가 형용사를 수식하는 경우

형용사 뒤에 오며, '많다'가 형용사를 수식하는 경우에는 ្រ្បើន 쯔라은 대신 ខ្លាំង 클랑을 씁니다.

형용사 + ខ្លាំង

នាង ស្អាត ខ្លាំង។   그녀는 많이 예뻐요.

ឈឺ ខ្លាំង។   많이 아파요.

● '적다', '조금'이 형용사를 수식하는 경우

'적다'의 경우는 형용사를 수식할 때 의미가 다소 어색해지는 경향이 있어, 이럴 때는 '별로 ～하지 않다' 라는 표현을 사용합니다. 예를 들어, '조금 예쁘다', '조금 아프다'라고 말하기 보다는 '별로 예쁘지 않다', '별로 아프지 않다'라고 말하는 게 더 자연스러운 표현이 됩니다.

'별로 ～하지 않다'는 មិនសូវ 믄써으 ～ ទេ 떼라고 합니다.

មិនសូវ + 형용사 + ទេ

នាង មិនសូវ ស្អាត ទេ។   그녀는 별로 예쁘지 않아요.

មិនសូវ ឈឺ ទេ។   별로 아프지 않아요.

3 សុំ (～을 주세요)

សុំ 쏨은 명사에 붙여 사용하며, '～을 주세요' 라는 뜻입니다.

សុំ ទឹកកក។   얼음 주세요.

សុំ បាយឆា ១។   복음밥 하나 주세요.

សុំ ខូឡា។   콜라 주세요.

단어 ស្អាត 싸앝 예쁘다   ឈឺ 츠으 아프다

음식

🎧 03_02

គុយទាវ

쌀국수

សម្ល/ស៊ុប

국

មីឆា

볶음면

បាយឆា

볶음밥

ពងទាចៀន

오리알후라이

ការី

카레

បាយសាច់ជ្រូក

제육덮밥

នំប៉័ងសាច់

샌드위치

음료수

កាហ្វេ

커피

ខូឡា

콜라

ទឹក

물

តែ

차

ទឹកក្រូច

오렌지주스

ទឹកដោះគោ

우유

ទឹកកក

얼음

ទឹកក្រឡុក

쉐이크

1 주어진 단어를 순서에 맞게 배열하여 문장을 완성해 보세요.

1) ទៅ / របស់ខ្ញុំ / ស្អាត / មិនសូវ / ប្អូនស្រី

_____ ។

2) ទឹកក្រឡុក / និង / សុំ / ទឹកក្រូច

_____ ។

3) របស់គាត់ / ផ្ទះ / គឺជា / ទីនោះ

_____ ។

4) ប៉ា / តិច / ញ៉ាំ / របស់ខ្ញុំ

_____ ។

2 한국어에 맞게 문장의 빈칸을 채워 보세요.

1) 저기는 학교입니다.

ទីនោះ _____ សាលារៀន។

2) 샌드위치랑 차 주세요.

_____ នំប៉័ងសាច់ _____ តែ។

3) 저의 여동생은 별로 예쁘지 않아요.

ប្អូនស្រី របស់ខ្ញុំ _____ ស្អាត ទេ។

4) 볶음밥, 오리알후라이, 그리고 물 주세요.

_____ បាយឆា, ពងទាចៀន _____ ទឹក។

3 다음 문장을 캄보디아어로 써 보세요.

1) 제육덮밥이랑 커피 주세요.

_____

2) 너무 배고파요.

_____

3) 얼음이랑 오렌지주스 주세요.

_____

4) 여기는 학교입니다.

_____

4 문제를 듣고 빈칸을 받아써 보세요. 🎧 03_03

1) _____ ហាង លក់ល្បីឈ្មោះ។

2) ទីនេះ៖ _____ ម្ដូបឆ្ងាញ់ _____ ។

3) សុំ _____ 1 និង _____ 1។

4) ខ្ញុំ ញ៉ាំ _____ ។

캄보디아의 식문화와 전통음식

캄보디아는 한국과 마찬가지로 쌀이 주식입니다.

캄보디아에서는 아침을 주로 밖에서 먹는데, 이것은 캄보디아의 일과 시작 시간과 관련이 있습니다. 캄보디아에서는 하루 일과가 한국보다 약 2시간 정도 빨리 시작해서, 학교 수업은 오전 7시, 일터의 일과는 보통 오전 6시 정도에 시작합니다. 그렇다보니 집에서 아침을 먹기보다 밖에서 사먹는 문화가 정착되었습니다.

〈도시락(제육덮밥)〉

아침은 주로 밥과 고기로 이루어진 도시락이나 쌀국수, 죽, 샌드위치 등을 커피와 함께 먹습니다.

캄보디아에는 회식 문화가 거의 없습니다. 캄보디아 사람들은 저녁식사를 가족이 모이는 중요한 시간으로 생각하기 때문에 저녁식사는 대부분 집에서 가족과 함께 합니다.

캄보디아에는 시큼하고 향긋한 향신료의 맛이 나는 국물 요리가 발달되어 있습니다. 여러 종류의 야채와 생선, 닭고기, 돼지고기 등에 고수나 코코넛 밀크, 각종 향신료 등을 첨가해 만들어 먹는 국물 요리는 그 종류가 매우 다양합니다. 또한 망고, 코코넛, 파인애플, 파파야 등 다양한 과일을 넣어 만든 요리도 많이 있습니다.

〈쌀국수〉

캄보디아의 가장 대표적인 전통 음식은 아목, 썸러 꺼꼬, 쁘러혹, 놈빤쪽 등이 있습니다.

'아목'은 닭고기, 돼지고기, 소고기, 생선 등을 코코넛 밀크와 함께 여러 가지 양념을 넣어 바나나잎으로 싸서 쪄먹는 음식입니다. 색깔도 예쁘고, 코코넛 밀크를 넣었기 때문에 고소합니다.

〈아목〉

'썸러 꺼꼬'는 생선과 여러 종류의 야채를 썬 것에 캄보디아 전통 양념을 가미한 국물 요리입니다. 여러 가지 야채와 생선이 적절히 곁들어져 있으며, 캄보디아 사람들이 집에서 많이 만들어 먹습니다.

'쁘러혹'은 민물고기로 만든 젓갈 음식입니다. 한국 사람들이 김치를 비롯한 다양한 발효 식품을 즐겨 먹듯이 캄보디아 사람들은 이 '쁘러혹'을 오이, 그린 망고, 가지 등 다양한 야채와 함께 즐겨 먹습니다.

'놈빤쪽'은 캄보디아의 전통적인 국수 요리로 쌀로 만든 면에 여러가지 야채와 캄보디아 전통 육수를 부어 먹습니다. 육수는 코코넛 밀크, 생선, 양념 등을 같이 넣고 오래 끓여 만듭니다. 놈빤쪽은 주로 아침식사로 먹습니다.

04

ខ្ញុំ ចូលចិត្ត ផ្លែចេក។

저는 바나나를 좋아해요.

이번 과에서 학습할 주요표현입니다. 오디오를 듣고 큰 소리로 따라해 보세요. 🎧 04_01

នៅ ផ្ទះ របស់ខ្ញុំ មាន ផ្លែចេក។ 저의 집에 바나나가 있어요.

너으 프떼아 로버ㅎ 크놈 미언 플라에 쩨익

ខ្ញុំ ចូលចិត្ត ផ្លែចេក។ 저는 바나나를 좋아해요.

크놈 쫄 쩝 플라에 쩨익

នៅក្នុង ទូរទឹកកក មានផ្លែចេក។ 냉장고 안에 바나나가 있어요.

너으 크농 뚜우 뜩 껑 미언 플라에 쩨익

ម៉ាក់ របស់ខ្ញុំ មិនចូលចិត្ត ផ្លែចេកទេ។ 저의 엄마는 바나나를 싫어해요.

막 로버 크놈 믄 쫄 쩝 플라에 쩨익 떼

TIP

'좋아하다'는 ចូលចិត្ត 쫄쩝, '사랑하다'는
ស្រឡាញ់ 쓸러라인이라고 합니다.

새 단 어

ផ្លែចេក 플라에쩨익 바나나

នៅក្នុង 너으크농 안에

មិនចូលចិត្ត 믄쫄쩝 싫어하다

ចូលចិត្ត 쫄쩝 좋아하다

ទូរទឹកកក 뚜우뜩껑 냉장고

1 នៅ~ មាន… (~에 …이 있다)

នៅ 너으는 '~에'에 해당하는 말로, នៅ 너으 ~ មាន 미언 …은 '~에 …이 있다'라는 표현입니다.

នៅ + 위치/장소 + មាន + 명사។

※ 위치명사 🎧 04_02

사람이나 사물의 위치를 나타낼 때는 다음과 같은 위치 명사 뒤에 기준이 되는 명사를 씁니다.
예를 들어, '냉장고 안'은 '안 + 냉장고', '책상 위'는 '위 + 책상'의 순서로 씁니다.

ស្ដាំ	오른쪽	ឆ្វេង	왼쪽
លើ	위	ក្រោម	아래/밑
ក្នុង	안	ក្រៅ	밖
មុខ	앞	ក្រោយ	뒤
កណ្ដាល	가운데	ចំហៀង	옆

នៅក្នុង ទូរទឹកកក មាន ទឹកដោះគោ។   냉장고 안에 우유가 있어요.

នៅ ផ្ទះ មាន សៀវភៅ។   집에 책이 있어요.

នៅ សាលារៀន មាន សិស្ស។   학교에 학생이 있어요.

នៅលើ តុ មាន កាហ្វេ។   탁자 위에 커피가 있어요.

នៅស្ដាំ ទូរទឹកកក មាន ទឹក។   냉장고 오른쪽에 물이 있어요.

'~에 …이 없다'라는 표현은 មាន 미언 앞에 부정사 មិន 믄 또는 អត់ 엇을 붙이고 문장의 끝에 ទេ 때를 써서 아래와 같은 형식으로 표현합니다.

នៅ + 위치/장소 + មិន/អត់មាន + 명사 + ទេ។

នៅក្នុង ទូរទឹកកក មិនមាន ទឹកដោះគោទេ។   냉장고 안에 우유가 없어요.

នៅ ផ្ទះ អត់មាន សៀវភៅទេ។   집에 책이 없어요.

2 ចូលចិត្ត (~을/를 좋아하다)

ចូលចិត្ត 쫄쩔은 '~을/를 좋아하다'라는 뜻입니다. 영어와 마찬가지로 뒤에 목적어가 옵니다.

ចូលចិត្ត + 목적어

ខ្ញុំ ចូលចិត្ត ផ្លែស្វាយ។   저는 망고를 좋아해요.

ខ្ញុំ ចូលចិត្ត គាត់។   저는 그분을 좋아해요.

'~을 싫어하다'라는 표현은 ចូលចិត្ត 쫄쩔 앞에 មិន 믄 또는 អត់ 엇을 붙이고 문장 끝에 ទេ 때를 씁니다.

មិន/អត់ចូលចិត្ត + 목적어 + ទេ

ខ្ញុំ អត់ចូលចិត្ត ផ្លែស្វាយ ទេ។   저는 망고를 싫어해요.

ខ្ញុំ មិនចូលចិត្ត គាត់ទេ។   저는 그분을 싫어해요.

가구

04_03

តុ	ទូរខោអាវ	តុបាយ	គ្រែ
탁자	옷장	식탁	침대

កៅអី	តុរៀន	ទូរទស្សន៍	ម៉ាស៊ីនបោកខោអាវ
의자	책상	TV	세탁기

과일

ផ្លែស្រកានាគ	ផ្លែធូរេន	ផ្លែស្វាយ	ផ្លែក្រូច
용과	두리안	망고	오렌지

ផ្លែមង្ឃុត	ផ្លែឪឡឹក	ផ្លែទំពាំងបាយជូរ	ផ្លែម្នាស់
망고스틴	수박	포도	파인애플

1 주어진 단어를 순서에 맞게 배열하여 문장을 완성해 보세요.

1) ទូរទឹកកក / នៅ / មាន / ផ្ទះក្រែច / ក្នុង

_____ ។

2) ផ្ទះឌីឡុក / ខ្ញុំ / ទេ / ចូលចិត្ត / មិន

_____ ។

3) នៅ / ផ្ទះម្ចាស់ / លើ / មាន / កៅអី

_____ ។

4) នៅ / តុបាយ / អត់មាន / ក្រោម / ទេ / ផ្ទះធុរជន

_____ ។

2 그림을 보고 주어진 사물의 위치를 써 보세요.

1)   (ផ្ទះចេក)

_____

2)   (ផ្ទះស្វាយ)

_____

3) (ផ្ទះឌីឡុក)

_____

4)   (ទូរទស្សន៍)

_____

3 다음 문장을 캄보디아어로 써 보세요.

1) 식탁 위에 볶음밥이 있어요.

_____

2) 탁자 위에 커피가 있어요.

_____

3) 저의 할머니는 망고를 좋아해요.

_____

4) 저의 오빠는 우유를 좋아해요.

_____

4 문제를 듣고 화자가 말한 문장을 골라 보세요. 🎧 04_04

1) ⓐ ម៉ាក់ ចូលចិត្ត ផ្លែចេក។
   ⓑ ម៉ាក់ ចូលចិត្ត ផ្លែស្វាយ។

2) ⓐ នៅ លើទូរទស្សន៍ មានទឹកដោះគោ។
   ⓑ នៅ ស្តាំទូរទស្សន៍ ហាន ទឹកដោះគោ។

3) ⓐ នៅ កណ្ដាល តុ មាន ផ្លែស្រកានាគ។
   ⓑ នៅ ចំហៀង តុ មាន ផ្លែស្វាយ។

4) ⓐ ខ្ញុំ មិនចូលចិត្ត ផ្លែទំពាំងបាយជូរទេ។
   ⓑ ខ្ញុំ មិនចូលចិត្ត ផ្លែម្ជូរទេ។

▌캄보디아의 교통수단

　캄보디아의 교통수단은 자전거, 오토바이, 자동차, 껑베이, 시클로, 택시 그리고 시내버스가 있습니다. 오토바이는 개인적으로 타기도 하지만, 사람을 태우고 돈을 받는 직업으로 타기도 합니다. 이것을 '모또돕'이라고 하는데, 영어로는 Motor taxi라고 합니다. 법규상 한 오토바이에 두 명까지 태울 수 있으며, 운전자는 모두 남성입니다.

〈껑베이〉

　'껑베이'도 많이 이용하는 교통수단 중 하나입니다. '세바퀴 오토바이'라는 뜻이며, 일반적으로 '툭툭'이라고 알려져 있는데, 이는 태국에서 온 말입니다. 편하고 안전하기 때문에, 캄보디아 사람뿐만 아니라 외국인 관광객들도 많이 이용하는 교통수단입니다.

　'시클로'는 다른 시내 교통수단이 생기기 전에 이용하던 교통수단입니다. 자전거처럼 사람의 힘으로 움직이는 거라서, 느리고 불편한 대신 비용이 쌉니다.

　그 외, 택시는 비용이 비싸고, 시내버스는 생긴 지가 얼마 되지 않아 아직 많이 이용하고 있지 않습니다.

　장거리의 경우는 보통 고속버스, 택시, 봉고차를 많이 이용합니다. 그 중 고속버스가 회사가 운영하고 안전하기 때문에 사람들이 많이 이용합니다.

ហេតុអ្វី មិនបានមក សាលារៀន?

학교에 왜 안 왔어요?

이번 과에서 학습할 주요표현입니다. 오디오를 듣고 큰 소리로 따라해 보세요. 🎧 05_01

ហេតុអ្វី ម្សិលមិញ មិនបានមក សាលារៀន? 어제 학교에 왜 안 왔어요?

하엩 어와이 머쌀 멘 믄 반 먹 쌀 라 리언

ម្សិលមិញ ខ្ញុំ បាន ឈឺក្បាល និង ក្តៅខ្លួន។ 어제, 저는 머리가 아프고 열이 났어요.

머쌀 멘 크놈 반 츠으 끄발 능 끄다으 클루언

មិនអីទេ? 괜찮아요?

믄 아이 떼

ចា៎! មិនអីទេ។ អរគុណ! 네! 괜찮아요. 고마워요!

짜 믄 아이 떼 어 꾼

TIP

'건강하세요'는 상대방의 건강을 바라며 흔히
건네는 인사말입니다.
캄보디아어로는 សូមអោយមានសុខភាពល្អ
쏨 아워 미은 소커피읍 러어라고 합니다.

ម្សិលមិញ 머쌀멘 어제   មក 먹 오다

សាលា/សាលារៀន 쌀라/쌀라리언 학교   ឈឺ 츠으 아프다

ក្បាល 끄발 머리   ក្តៅខ្លួន 끄다으클루언 열이 나다

1 의문문

의문문은 의문사가 있는 의문문과 없는 의문문으로 나눕니다. 의문문에는 문장 앞에 항상 តើ 따으를 붙이지만, 보통 일상대화에서는 តើ 따으를 생략하는 경우가 많습니다.

● 의문사가 있는 의문문

의문사가 맨 앞에 오는 영어와 달리, 대부분의 경우 의문사가 문장 끝에 옵니다.

① អ្វី 어와이 무엇(what)

តើ + (주어) + 동사 + អ្វី?

តើ អ្នក ចូលចិត្ត អ្វី?	당신은 무엇을 좋아하나요?
តើ នេះ គឺជា អ្វី?	이것은 무엇인가요?
តើ អ្នក ញ៉ាំ អ្វី?	당신은 무엇을 먹나요?

② ឯណា 아에나 어디에(where)

តើ + (주어) + 동사 + ឯណា?

តើ អ្នកទៅ ឯណា?	당신은 어디에 가나요?
តើ អាវនៅ ឯណា?	옷은 어디에 있나요?
តើ អ្នកញ៉ាំបាយនៅ ឯណា?	당신은 어디서 밥을 먹나요?

단어 ទៅ 떠으 가다 អាវ 아우 옷 បាយ 바이 밥

③ ពេលណា 뻴나 언제(when)

តើ + (주어) + 동사 + ពេលណា?

តើ ម៉ាក់ទៅផ្សារ ពេលណា?   엄마는 언제 시장에 가세요?

តើ អ្នក ញ៉ាំបាយ ពេលណា?   당신은 언제 밥을 먹나요?

តើ គាត់ ទៅ អាមេរិក ពេលណា?   그분은 언제 미국에 가나요?

④ នរណា 노나 누구(who)

의문사 នរណា 노나는 문장 끝이 아닌 앞에 옵니다.

តើ + នរណា + 동사?

តើ នរណា ទៅ កម្ពុជា?   누가 캄보디아에 가나요?

តើ នរណា គឺជា ប្អូនប្រុស របស់អ្នក?   누가 당신의 남동생인가요?

តើ នរណា បានញ៉ាំបាយ របស់ខ្ញុំ?   누가 저의 밥을 먹었나요?

⑤ យ៉ាងម៉េច 양멫 어떻게(how)

តើ + (주어) + 동사 + យ៉ាងម៉េច?

តើ អ្នក ទៅផ្សារ យ៉ាងម៉េច?   당신은 시장에 어떻게 가나요?

តើ អាវនេះ ពាក់យ៉ាងម៉េច?   이 옷을 어떻게 입나요?

តើ ញ៉ាំយ៉ាងម៉េច?   어떻게 먹나요?

단어 ផ្សារ 프싸 시장   ពាក់ 삐악 (상의를) 입다

⑥ ហេតុអ្វី 하엣어와이 왜(why)

다른 의문문과 달리, 문장 앞에 តើ 따으를 붙이지 않으며, 의문사 ហេតុអ្វី 하엣어와이는 문장 끝이 아닌 앞에 옵니다.

ហេតុអ្វី + (주어) + 동사?

ហេតុអ្វី មិន ញ៉ាំ?　　　　왜 안 먹나요?

ហេតុអ្វី គាត់ ទៅ មន្ទីរពេទ្យ?　　왜 그분이 병원에 가나요?

ហេតុអ្វី ចូលចិត្តខ្ញុំ?　　　　왜 저를 좋아하나요?

※ ហេតុអ្វី 하엣어와이로 시작하는 의문문에 대답할 때는 문장 앞에 '왜냐하면'이라는 말을 붙여 대답합니다. '왜냐하면'은 ពីព្រោះ 삐쁘루어ㅎ 라고 합니다.

ពីព្រោះ ខ្ញុំ ឈឺ។　　　　왜냐하면 제가 아파요.

ពីព្រោះ គាត់ ចូលចិត្ត នាង។　　왜냐하면 그분이 그녀를 좋아해요.

● 의문사가 없는 의문문

의문사가 없는 의문문은 문장의 앞과 뒤에 តើ 따으 ~ ទេ 때를 붙여 말합니다.

តើ + (주어) + 동사 + ទេ?

តើ ចូលចិត្តខ្ញុំ ទេ?　　저를 좋아하나요?

តើ គាត់ ទៅផ្សារ ទេ?　　그분은 시장에 가나요?

តើ អាវនេះ ស្អាត ទេ?　　이 옷은 예쁜가요?

단어 ▶ មន្ទីរពេទ្យ 문띠뻗 병원　ស្អាត 싸앋 예쁘다

문법

② 과거시제

과거시제는 동사나 형용사 앞에 បាន 반을 붙여 나타냅니다. 보통 대화할 때는 បាន 반을 생략하는 경우가 많은데, 이때는 '어제', '지난 주' 같은 과거를 나타내는 표현을 보고 과거시제임을 파악합니다.

(시간) + 주어 + បាន + 동사/형용사។

(ម្សិលមិញ) គាត់ បាន ទៅ ធនាគារ។   (어제) 그는 은행에 갔어요.

(សប្ដាហ៍មុន) ម៉ាក់ របស់ខ្ញុំ បាន ទៅ ផ្សារ។   (지난 주에) 저의 엄마는 시장에 가셨어요.

※ 시간을 나타내는 표현   🎧 05_02

일, 주, 월 등의 단어 뒤에 '다음, 뒤, 후'라는 뜻의 ក្រោយ 끄라우이, '지난, 전'이라는 뜻의 មុន 몬, '이번'이란 뜻의 នេះ 니ㅎ를 붙여 시간을 표현합니다.

ថ្ងៃ 일	មួយថ្ងៃក្រោយ 하루 뒤 * ស្អែក 내일	មួយថ្ងៃមុន 하루 전 * ម្សិលមិញ 어제	ថ្ងៃនេះ 오늘
អាទិត្យ/សប្ដាហ៍ 주	អាទិត្យក្រោយ 다음 주	សប្ដាហ៍មុន 지난 주	សប្ដាហ៍នេះ 이번 주
ខែ 월	ខែក្រោយ 다음 달	ខែមុន 지난 달	ខែនេះ 이번 달
ឆ្នាំ 해	ឆ្នាំក្រោយ 다음 해/내년	ឆ្នាំមុន 지난 해/작년	ឆ្នាំនេះ 올해

◀단어▶ ធនាគារ 토니어끼어 은행   មួយថ្ងៃ 모이틍아이 하루

● 신체

🎧 05_03

머리 ក្បាល

눈 ភ្នែក
코 ច្រមុះ
입 មាត់
목 ក

ស្មា 어깨

ដៃ 팔

ជើង 다리

● 증상

វិលមុខ	어지럽다	ហៀរសំបោរ	콧물이 나다
ក្អក	기침을 하다	កណ្ដាស	재채기하다
មាស់	간지럽다	ក្អួត	토하다

1 주어진 단어를 순서에 맞게 배열하여 문장을 완성해 보세요.

1) ទៅ / ខ្ញុំ / បារាំង / ខែមុន / បាន

_____ ។

2) ផ្ទះ / គាត់ / ហេតុអ្វី / មិនទៅ

_____ ?

3) សាលារៀន / ទៅ / ឃើលមិញ / បាន / ខ្ញុំ

_____ ។

4) ពីព្រោះ / ហៀរសំបោរ / ខ្ញុំ

_____ ។

2 다음 문장을 주어진 의문사를 사용하여 의문문으로 바꿔 써 보세요.

1) គាត់ ទៅ ចិន។

(언제) _____ ?

2) កូនស្រី របស់គាត់ ទៅ ផ្សារ។

(왜) _____ ?

3) ៣ក់អារ។

(어떻게) _____ ?

4) ចូលចិត្ត ផ្លែស្រកានាគ។

(왜) _____ ?

3 다음 문장을 캄보디아어로 써 보세요.

1) 왜 병원에 안 갔나요?

_____

2) 왜냐하면 저는 목이 아파요.

_____

3) 어제 엄마가 아프셨어요.

_____

4) 당신은 무엇을 좋아하나요?

_____

4 문제를 듣고 빈칸을 받아써 보세요. 🎧 05_04

1) ខ្ញុំ _____ ខ្លាំងណាស់។

2) _____ ម្ដេចមិញ _____ សាលារៀន?

3) _____ ខ្ញុំ បាន _____ ។

4) ខ្ញុំ បាន _____ និង _____ ។

▌ 캄보디아의 전통 스포츠

캄보디아의 전통 스포츠는 '라보크따우'와 '킥복싱'입니다. 라보크따우는 사자를 공격하는 것으로, 옛날에 군인들이 전쟁터에서 썼던 무술입니다. 현대에는 무술 공연으로 이어져 내려오고 있습니다.

킥복싱은 인기가 많은 스포츠로, 국가방송에서 일요일마다 생방송으로 경기를 진행하기도 합니다. 남자와 여자 모두 할 수 있는 운동이지만, 남자 선수의 비율이 훨씬 높습니다.

킥복싱은 한 경기에 5 라운드까지 진행하며, 1 라운드는 3분 동안 진행됩니다. 각 선수는 경기장에 들어와서 첫 라운드를 시작하기 전에 '꼰끄루'를 하는데, '꼰끄루'는 선수 각자가 코치에게 감사와 존경의 의미로 춤을 춰 드리는 것입니다.

선수의 유니폼은 빨간색 또는 파란색이며, 경기 내내 전통노래를 들을 수 있습니다.

캄보디아에 가면, 일요일에 카페나 밥집에서 킥복싱을 보고 있는 사람들을 많이 볼 수 있을 겁니다.

〈라보크따우〉

ខ្ញុំ មិនចេះ លេង បាល់ទះទេ។

저는 배구를 할 줄 몰라요.

이번 과에서 학습할 주요표현입니다. 오디오를 듣고 큰 소리로 따라해 보세요. 🎧 06_01

ចំណង់ចំណូលចិត្ត របស់ខ្ញុំគឺជា ការលេង កីឡា។ 저의 취미는 운동하는 것이에요.

쩜 넝 쩜 놀 쯛 로버ㅎ 크꼼 끄 찌어 까 렝 께이 라

ខ្ញុំ ចេះ លេងកីឡា ច្រើនប្រភេទ។ 저는 여러 가지 종목의 운동을 할 줄 알아요.

크놈 쩨ㅎ 렝 께이 라 쯔라은 쁘러 펫

ខ្ញុំ មិនចេះ លេង បាល់ទះទេ។ 저는 배구를 할 줄 몰라요.

크놈 믄 쩨ㅎ 렝 발 떼아 떼

ខ្ញុំ ចង់ រៀន បាល់ទះ។ 저는 배구를 배우고 싶어요.

크놈 쩡 리언 발 떼아

TIP

'~하다'라는 동사를 '~하는 것'이라는 명사 형태로
바꾸려면 동사 앞에 ការ 까를 붙입니다. ការលេង
កីឡា 까렝께이라 는 '운동하다'라는 뜻의 លេង
កីឡា 렝께이라에 ការ를 붙여서 '운동하는 것'이란
명사형태가 된 것입니다.

새 단어

ចំណង់ចំណូលចិត្ត 쩜넝쩜놀쯛 취미　　　　 លេង កីឡា 렝 께이라 운동하다

ច្រើន 쯔라은 많다　　　　　　　　　　 ប្រភេទ 쁘러펫 종류

បាល់ទះ 발 떼아 배구

문법

1 ចេះ (~을/를 할 줄 알다)

ចេះ 쩨ㅎ는 '~을 하는 방법을 알다', '~을 할 줄 알다'라는 뜻으로, 뒤에 동사와 목적어를 씁니다.

ចេះ + 동사 + 목적어

ខ្ញុំ ចេះ ធ្វើ ម្ហូប។	저는 요리를 할 줄 알아요.
បងស្រី របស់ខ្ញុំ ចេះ ហែលទឹក។	저의 언니/누나는 수영을 할 줄 알아요.
នាង ចេះ វាយ កូនហ្គោល ។	그녀는 골프를 칠 줄 알아요.

'~을 하는 방법을 모르다', '~을 할 줄 모르다'라고 말할 때는, ចេះ 쩨ㅎ 앞에 부정사 អត់ 엇 또는 មិន 믄을 붙여 អត់ចេះ 엇쩨ㅎ 또는 មិនចេះ 믄쩨ㅎ를 사용합니다. 부정사를 사용하기 때문에 문장 끝에는 ទេ 떼를 붙입니다.

មិន/អត់ចេះ + 동사 + 목적어 + ទេ

ខ្ញុំ អត់ចេះ ធ្វើ ម្ហូប ទេ។	저는 요리를 할 줄 몰라요.
បងស្រី របស់ខ្ញុំ មិនចេះ ហែលទឹក ទេ។	저의 언니/누나는 수영을 할 줄 몰라요.
នាង មិនចេះ វាយ កូនហ្គោល ទេ។	그녀는 골프를 칠 줄 몰라요.

'~을 할 줄 아나요?'라고 물어볼 때는, '~을 할 줄 알아요'라는 평서문의 앞과 뒤에 តើ 따으 ~ ទេ 떼를 붙여 말합니다.

តើ + 주어 + ចេះ + 동사 + 목적어 + ទេ?

តើនាង ចេះ ធ្វើម្ហូបទេ?	그녀는 요리를 할 줄 아나요?
តើអ្នក ចេះ ហែលទឹក ទេ?	당신은 수영을 할 줄 아나요?
តើនាង ចេះ វាយ កូនហ្គោល ទេ?	그녀는 골프를 칠 줄 아나요?

단어   ធ្វើម្ហូប 트워머홉 요리하다   ហែលទឹក 하엘뜩 수영하다   វាយកូនហ្គោល 위의끈골 골프를 치다

2 ចង់ (~하기를 원하다, ~하고 싶다)

ចង់ 쩡은 '~하기를 원하다', '~을 하고 싶다'라는 뜻입니다.

ចង់ + 동사 + 목적어

ខ្ញុំ ចង់ ធ្វើ ម្ហូប។	저는 요리를 하고 싶어요.
បងស្រី របស់ខ្ញុំ ចង់ ហែលទឹក។	저의 언니/누나는 수영을 하고 싶어해요.
នាង ចង់ វាយ កូនហ្គោល ។	그녀는 골프를 치고 싶어해요.

'~하기를 원하지 않다', '~을 하고 싶지 않다'라고 말할 때는 ចង់ 쩡 앞에 부정사 អត់ 엇 또는 មិន 믄을 붙여 អត់ចង់ 엇쩡 또는 មិនចង់ 믄쩡을 사용합니다. 부정사를 사용하기 때문에 문장 끝에는 ទេ 떼를 붙입니다.

មិន/អត់ចង់ + 동사 + 목적어 + ទេ

ខ្ញុំ អត់ចង់ ធ្វើ ម្ហូប ទេ។	저는 요리를 하고 싶지 않아요.
បងស្រី របស់ខ្ញុំ មិនចង់ ហែលទឹក ទេ។	저의 언니/누나는 수영하기를 원하지 않아요.
នាង មិនចង់ វាយ កូនហ្គោល ទេ។	그녀는 골프 치기를 원하지 않아요.

'∼을 하고 싶나요?'라고 물어볼 때는, '∼을 하고 싶어요.'라는 평서문의 앞과 뒤에 តើ 따으 ～ ទេ 때 를 붙여 말합니다.

តើ + 주어 + ចង់ + 동사 + 목적어 + ទេ?

តើនាង ចង់ ធ្វើម្ហូបទេ?   그녀는 요리를 하고 싶어 하나요?

តើអ្នក ចង់ ហែលទឹក ទេ?   당신은 수영을 하고 싶나요?

តើនាង ចង់ វាយ កូនហ្គោល ទេ?   그녀는 골프를 치고 싶어 하나요?

3   '네/아니오' 대답하기

'네'라는 대답은 대답하는 사람의 성별에 따라 다르게 말합니다. 여자는 ចាঁ 짜, 남자는 បាទ 받이라고 대답합니다. '아니오'라는 대답은 여자와 남자 모두 ទេ 때라고 합니다.

ចាঁ, ខ្ញុំ ចេះធ្វើ ម្ហូប។   네, 저는 요리를 할 줄 알아요.(여자)

បាទ, ខ្ញុំ ចង់ វាយ កូនហ្គោល។   네, 저는 골프를 치고 싶어요.(남자)

ទេ, ខ្ញុំ មិនចេះហែលទឹក ទេ។   아니요, 저는 수영을 할 줄 몰라요.

● 취미 (1)

🎧 06_02

ហាត់ប្រាណ

운동하다

ទិញឥវ៉ាន់

쇼핑하다

គូរគំនូរ

그림을 그리다

ធ្វើម្ហូប

요리하다

ឡើងភ្នំ

등산하다

អានសៀវភៅ

책을 읽다

ហែលទឹក

수영하다

ស្ទូចត្រី

낚시하다

● 운동

លេងបាល់ទាត់	축구하다	វាយស៊ី	배드민턴을 치다
លេងបាល់ទះ	배구하다	វាយបេ៉ងប៉ុង	탁구를 치다
លេងបាល់បោះ	농구하다	វាយកូនហ្គោល	골프를 치다
ជិះស្គីទឹកកក	스케이트 타다	ហាត់យោហ្គា	요가하다

※ 스포츠 종목에 다음 동사를 붙이면 '그 스포츠를 하다'라는 표현이 됩니다.

 លេង (놀다)   공을 가지고 하는 운동
វាយ (치다, 때리다)   공을 치는 운동
ជិះ (타다)   운동기구를 몸에 착용하거나 타는 운동
ហាត់ (연습하다)   맨몸으로 하는 운동

1 주어진 단어를 순서에 맞게 배열하여 문장을 완성해 보세요.

1) ធ្វើម្ហូប / របស់គាត់ / ចេះ / ម៉ាក់

_____ ។

2) ចង់ / សៀវភៅ / អាន / ខ្ញុំ

_____ ។

3) ចង់ / តើ / តន្ត្រី / ទិញ / អ្នក / ទេ

_____ ?

4) បា៉ / លេង បាល់បោះ / របស់ខ្ញុំ / ចេះ

_____ ។

2 다음 질문을 읽고, 대답을 완성해 써 보세요.

1) តើ អ្នក ចេះ វាយសី ទេ?

បា៉, _____ ។

2) តើ អ្នក ចង់ ញ៉ាំគុយទាវ ទេ?

ទេ, _____ ។

3) តើ អ្នក ចេះ វាយប៉េងប៉ុង ទេ?

បាទ, _____ ។

4) តើ អ្នក ចង់ ទិញតន្ត្រី ទេ?

ទេ, _____ ។

3 다음 문장을 캄보디아어로 써 보세요.

1) 저는 샌드위치를 먹고 싶어요.

_____

2) 당신은 탁구를 칠 줄 아나요?

_____

3) 저의 사촌동생은 수영을 할 줄 몰라요.

_____

4) 저는 요리를 하고 싶지 않아요.

_____

4 문제를 듣고 화자가 말한 문장을 골라 보세요. 🎧 06_03

1) ⓐ គាត់ ចេះ លេងបាល់ទាត់។
   ⓑ គាត់ ចង់ លេងបាល់ទាត់។

2) ⓐ ខ្ញុំ ចេះ ធ្វើម្ហូប។
   ⓑ ខ្ញុំ ចង់ ធ្វើម្ហូប។

3) ⓐ ខ្ញុំ ចង់ ស្តាប់ចម្រៀង។
   ⓑ ខ្ញុំ ចង់ គូររូបនេះ។

4) ⓐ តើ ប៉ា របស់អ្នក ចេះ វាយបេងប៉ុង ទេ?
   ⓑ តើ ប៉ា របស់អ្នក ចង់ វាយបេងប៉ុង ទេ?

캄보디아의 교육

캄보디아의 공교육은 유치원, 초등학교, 중학교, 고등학교 과정으로 이루어져 있습니다. 한국과 달리, 유치원이 공교육에 들어가지만 사교육 과정도 있기 때문에 선택할 수 있습니다.

대학교는 거의 사교육이기 때문에 돈을 내고 공부합니다. 캄보디아에서는 한국과 달리 학원이 많지 않고, 부모들이 학원을 많이 보내지도 않습니다. 제일 많은 학원은 영어 학원이며, 제 2외국어 학원은 중국어, 한국어, 프랑스어, 일본어 정도를 제외하고는 거의 없고 인기도 없습니다.

한국은 대학에서 전공과목뿐만 아니라 교양과목도 들어야 하지만, 캄보디아는 전공과목만 들을 수 있고, 시간표도 정해져 있어 듣고 싶은 과목을 선택할 수 없습니다.

캄보디아에서는 모든 학생들이 의무적으로 교복을 입습니다. 유치원은 물론, 대학교까지 교복이 있습니다. 교복은 흰색 셔츠와 파란색 바지나 치마입니다. 초등학교부터 고등학교까지는 교복의 왼쪽 가슴에 학생의 이름과 학교의 이름이 붙어 있어야 하며, 수업 시간에 모자는 절대로 쓸 수 없습니다. 대학교의 경우, 넥타이를 매야 하는 학교도 있으며, 학교마다 교복의 디자인이 다릅니다.

តើ ចុងសប្តាហ៍នេះ នឹងធ្វើអ្វី?

이번 주말에 뭐 할 거예요?

이번 과에서 학습할 주요표현입니다. 오디오를 듣고 큰 소리로 따라해 보세요. 🎧 07_01

តើ ចុងសប្ដាហ៍នេះ នឹងធ្វើអ្វី?
이번 주말에 뭐 할 거예요?

따으 쭝 싸빠다 니흥 능 트워 어와이

ខ្ញុំ នឹង ទៅ ពិធី ខួបកំណើត មិត្តភក្តិ។
저는 친구의 생일파티에 갈 거예요.

크뇸 능 떠으 삐티 쿠업 껌 나읕 멀 페악

តើ ពេលនេះ ម៉ោងប៉ុន្មាន?
지금 몇 시예요?

따으 뻴 니흥 마옹 뽄만

ម៉ោង 7: 30 នាទី។
7시 30분이에요.

마옹 쁘람삐 삼썹 니어띠

ចុងសប្ដាហ៍	쭝싸빠다	주말	ពិធី ខួបកំណើត 삐티 쿠업껌나읕	생일파티
ទៅ	떠으	가다	មិត្តភក្តិ 멀페악	친구
ម៉ោង	마옹	시간	នាទី 니어띠	분

1 미래시제

'~할 것이다'라는 미래시제는 동사나 형용사 앞에 미래를 표현하는 **នឹង** 능을 붙여 말합니다.

(시간) + 주어 + **នឹង** + 동사។

ថ្ងៃច័ន្ទនេះខ្ញុំ **នឹង** ទៅកម្ពុជា។   이번 월요일에 저는 캄보디아에 갈 거예요.

ថ្ងៃស្អែក ខ្ញុំ **នឹង** ទៅ ផ្ទះ របស់គាត់។   내일 저는 그의 집에 갈 거예요.

ថ្ងៃនេះ ខ្ញុំ **នឹង** សំអាតផ្ទះ ។   오늘 저는 집청소를 할 거예요.

2 시간, 날짜, 요일 묻고 답하기

● 시간

"몇 시입니까?"라는 말은 **តើម៉ោង ប៉ុន្មាន?** 따으마옹뿐만입니다. '몇 시'라는 말 앞에 의문문을 나타내는 **តើ** 따으를 붙인 것입니다. 시간을 말할 때는 '시'를 뜻하는 **ម៉ោង** 마옹과 '분'을 뜻하는 **នាទី** 니어띠를 써서 다음과 같은 순서로 말합니다.

ម៉ោង + 숫자(시) + 숫자(분) + **នាទី**

តើម៉ោង ប៉ុន្មាន?   몇 시예요?

ម៉ោង 1។   1시예요.

ម៉ោង 1:30 នាទី។   1시 30분이에요.

ម៉ោង 1កន្លះ។   1시 반이에요.

단어   សំអាតផ្ទះ 썸앋프떼아 집청소   ប៉ុន្មាន 뿐만 몇/얼마   កន្លះ 껀라ㅎ 반

●── 날짜와 요일

날짜는 한국과 정반대로, 일, 월, 해의 순서로 말합니다. 의문문 앞에 붙는 តើ 따으는 생략하기도 합니다.

តើ ថ្ងៃនេះ ទីប៉ុន្មាន?   오늘 며칠이에요?

ទី 5។   5일이에요.

ខែ ប៉ុន្មាន?   몇 월이에요?

ខែ 2/កុម្ភៈ។   2월이에요.

ឆ្នាំ ប៉ុន្មាន?   몇 년이에요?

ឆ្នាំ 2017។   2017년이에요.

តើ ថ្ងៃនេះ គឺជាថ្ងៃអ្វី?   오늘 무슨 요일이에요?

ថ្ងៃចន្ទ។   월요일이에요.

ថ្ងៃនេះ ថ្ងៃ ចន្ទ ទី 5 ខែ កុម្ភៈ ឆ្នាំ 2017។   오늘은 2017년 2월 5일 월요일이에요.

요일   일   월   해

단어 ទី 띠 일   កុម្ភៈ 꼼피악 2월   ថ្ងៃ 틍아이 요일

3 숫자 10~100

១O 덥	10	**២O** 머파이	20
៣O 쌈썹	30	**៤O** 싸에썹	40
៥O 하썹	50	**៦O** 혁썹	60
៧O 쩻썹	70	**៨O** 빠엘썹	80
៩O 까으썹	90	**១OO** 모이로이	100

캄보디아 숫자는 아라비아 숫자와 같은 형식으로 읽고 씁니다.

즉, 숫자를 표기할 때는 아라비아 숫자와 똑같이 1~9를 활용하여 표기하고, 읽을 때는 10, 20, 30 등 십 단위 숫자 고유의 이름에 1~9의 숫자를 붙여 읽습니다.

$$12 = 10 + 2 \rightarrow \text{១២} \text{ 덥삐}$$

$$21 = 20 + 1 \rightarrow \text{២១} \text{ 머파이 모이}$$

$$23 = 20 + 3 \rightarrow \text{២៣} \text{ 머파이 바이}$$

$$47 = 40 + 7 \rightarrow \text{៤៧} \text{ 싸에썹 쁘람삐}$$

$$52 = 50 + 2 \rightarrow \text{៥២} \text{ 하썹 삐}$$

$$87 = 80 + 7 \rightarrow \text{៨៧} \text{ 빠엘썹 쁘람삐}$$

$$89 = 80 + 9 \rightarrow \text{៨៩} \text{ 빠엘썹 쁘람보언}$$

●── 요일과 달　　　　　　　　　　　　　　　　　　　　🎧 07_03

※ 요일

ថ្ងៃច័ន្ទ	월요일	ថ្ងៃអង្គារ	화요일
ថ្ងៃពុធ	수요일	ថ្ងៃព្រហស្បតិ៍	목요일
ថ្ងៃសុក្រ	금요일	ថ្ងៃសៅរ៍	토요일
ថ្ងៃអាទិត្យ	일요일		

※ 달

មករា	1월	កុម្ភៈ	2월
មីនា	3월	មេសា	4월
ឧសភា	5월	មិថុនា	6월
កក្កដា	7월	សីហា	8월
កញ្ញា	9월	តុលា	10월
វិច្ឆិកា	11월	ធ្នូ	12월

연습문제

1 주어진 단어를 순서에 맞게 배열하여 문장을 완성해 보세요.

1) នេះ / ថ្ងៃច័ន្ទ / នឹង / ខ្ញុំ / របស់គាត់ / ទៅ / ផ្ទះ

   _____ ។

2) នាង / ហេលទឹក / នឹង / ថ្ងៃនេះ

   _____ ។

3) ខ្ញុំ / ខែសីហា / ចិន / នឹង / ទៅ

   _____ ។

4) នឹង / ទិញតវ៉ាន់ / របស់ខ្ញុំ / ចុង សប្ដាហ៍ / ទៅ / ម៉ាក់

   _____ ។

2 주어진 날짜와 시간을 캄보디아어로 써 보세요.

1) 2018년 7월 3일 화요일

   _____

2) 9시 45분

   _____

3) 3시 20분

   _____

4) 12월 9일

   _____

3 다음 문장을 캄보디아어로 써 보세요.

1) 저는 한국에 갈 거예요.

_____

2) 오늘은 2017년 8월 20일 월요일이에요.

_____

3) 지금 몇시예요?

_____

4) 오늘 며칠이에요?

_____

4 문제를 듣고 질문에 맞는 답을 골라 보세요. 🎧 07_04

1) តើ ពេលនេះ ម៉ោងប៉ុន្មាន?

    ⓐ 4:30   ⓑ 8:15   ⓒ 6:45

2) តើ ថ្ងៃនេះ ទីប៉ុន្មាន?

    ⓐ 23   ⓑ 10   ⓒ 11

3) ខែ ប៉ុន្មាន?

    ⓐ មេសា   ⓑ កញ្ញា   ⓒ ឆ្នូ

4) តើ ថ្ងៃនេះ គឺជាថ្ងៃអ្វី?

    ⓐ ថ្ងៃអង្គារ   ⓑ ថ្ងៃពុធ   ⓒ ថ្ងៃសុក្រ

캄보디아 전통 옷

캄보디아의 여자 전통 옷은 상의는 '아우 빡'이라고 하고, 치마는 '섬뽓'이라고 합니다.

옛날에는 흰색으로 단순했지만, 오늘날에는 여러 가지 색깔에 다양한 금실 자수가 놓여져 있는 등 디자인이 다양하고 화려해졌습니다.

오늘날 캄보디아 여성들이 입는 섬뽓은 '섬뽓홀'과 '섬뽓파뭉' 두 종류가 있습니다. 이는 섬유의 종류에 따른 구분입니다.

섬뽓홀은 노란색, 빨간색, 갈색, 파란색, 녹색 중 3~5개의 색깔로 200개 이상의 패턴을 가지고 있습니다. 섬뽓파뭉은 52가지의 색깔이 있으며, 노란색 실크로 만든 게 가장 가치가 높습니다.

〈아우 빡(상의)과 섬뽓(치마)〉

남자의 전통 옷은 실크로 만든 셔츠와 바지로, 섬유와 디자인의 종류가 별로 없습니다.

전통 옷은 명절이나 결혼식 등 특별한 예식이 있을 때만 입습니다. 요즘은 전통 옷의 디자인이 다양해졌고, 특히 여자의 전통 옷이 주목을 받아 외국에서 모델들이 입기도 합니다.

គឺនេះ ថ្លៃ ប៉ុន្មាន ?

이것은 얼마예요?

이번 과에서 학습할 주요표현입니다. 오디오를 듣고 큰 소리로 따라해 보세요. 🎧 08_01

តើ អាវយឺត នោះ ថ្លៃ ប៉ុន្មាន?   저 티셔츠는 얼마예요?

따으 아으 여을   누ㅎ 틀라이 뿐만

ថ្លៃ 20,000 រៀល។   가격은 2만 리엘이에요.

틀라이 삐 먼   리엘

ចុះ មួក ពណ៌ក្រហម នោះវិញ?   저 빨간 모자는요?

쪼ㅎ 무억 뽀어 끄러험   누ㅎ 왜잉

សូមចុះថ្លៃ។   가격을 깎아 주세요.

쏨   쪼ㅎ 틀라이

TIP
캄보디아의 화폐는 រៀល 리엘입니다. 하지만
រៀល뿐만 아니라 미국의 달러나 태국의 바트도
자유롭게 쓸 수 있습니다.

 새 단 어

អាវយឺត 아으여을 티셔츠   មួក 무억 모자
ពណ៌ក្រហម 뽀어 끄러험 빨간색   ថ្លៃ 틀라이 가격/비싸다

문법

1 가격 묻고 답하기

●── 가격 묻기

គើ 따으 ~ ថ្លៃ ប៉ុន្មាន 틀라이 뽄만? (~은 얼마예요?)

$$គើ \;+\; 명사 \;+\; ថ្លៃ \; ប៉ុន្មាន?$$

គើ អាវ នោះ ថ្លៃ ប៉ុន្មាន?	저 옷은 얼마예요?
គើ នេះ ថ្លៃ ប៉ុន្មាន?	이거 얼마예요?
គើ អាវ របស់អ្នក ថ្លៃ ប៉ុន្មាន?	당신의 옷은 얼마예요?
គើ មួក របស់គាត់ ថ្លៃ ប៉ុន្មាន?	그의 모자는 얼마예요?

●── 가격 답하기

가격을 말할 때는 가격 앞에 ថ្លៃ 틀라이를 붙여 말합니다.

$$(명사) \;+\; ថ្លៃ \;+\; 가격។$$

(អាវ នោះ) ថ្លៃ 10,000 រៀល។	(저 옷은) 만 리엘입니다.
(មួក របស់គាត់) ថ្លៃ 20,000 រៀល។	(그의 모자는) 2만 리엘입니다.

문법

2 되묻기

ចុះ 쪼흐 ~ វិញ 웨잉?은 '~은 어떤가요?'라는 뜻으로, 영어의 How about ~?에 해당하는 표현입니다. 같은 질문을 반복하거나 상대방의 질문과 같은 질문을 되물을 때 사용합니다.

ខ្ញុំ ចេះ ធ្វើម្ហូប។ ចុះ អ្នក វិញ?	저는 요리할 줄 알아요. 당신은요?
តើ មួកនេះ ថ្លៃប៉ុន្មាន? ចុះ មួកនោះ វិញ?	이 모자는 얼마예요? 저 모자는요?
ខ្ញុំ ចង់ ទិញឥវ៉ាន់។ ចុះ ម៉ាក់ វិញ?	저는 쇼핑하고 싶어요. 엄마는요?

3 សូម (~을/를 해 주세요)

សូម 쏘옴 은 '~해 주세요'라는 의미로, 부탁하거나 요청할 때 쓰는 표현입니다. សូម 쏘옴을 문장 맨 앞에 쓰고, 뒤에 동사나 형용사를 씁니다.

សូម រងចាំ។	기다려 주세요.
សូម ជៀសផ្លូវ។	비켜 주세요.
សូម ស្ងៀមស្ងាត់។	조용히 해 주세요.
សូម និយាយ យឺត ៗ ។	천천히 말해 주세요.
សូម ដើរ លឿន ៗ ។	빨리 걸어 주세요.

'레익또'라는 특수기호입니다.
레익또가 붙은 단어는 그 단어의 발음을 연속해서 두 번 합니다.

단어 រងចាំ 로옹짬 기다리다   ជៀសផ្លូវ 찌어 플러우 비키다   ស្ងៀមស្ងាត់ 승이엄 승앝 조용히 하다
និយាយ 니예이 말하다   យឺតៗ 여읏여읏 천천히   ដើរ 다으 걷다   លឿនៗ 르은 빨리

🎧 08_02

단위	숫자		단위	숫자	
រយ 로이 백	100	모이 로이	ពាន់ 뽀언 천	4,000	보언 뽀언
	200	삐 로이		5,000	쁘람 뽀언
	300	바이 로이		6,000	쁘람 모이 뽀언
ម៉ឺន 면 만	70,000	쁘람 삐 면	សែន 사엔 십만	100,000	모이 사엔
	80,000	쁘람 바이 면		200,000	삐 사엔
	90,000	쁘람 보언 면		300,000	바이 사엔
លាន 리언 백만	4,000,000	보언 리언	កោដិ 까웃 천만	70,000,000	쁘람 삐 까웃
	5,000,000	쁘람 리언		80,000,000	쁘람 바이 까웃
	6,000,000	쁘람 모이 리언		90,000,000	쁘람 보언 까웃

08_03

● — 색깔

ពណ៌ បៃតង

초록색

ពណ៌ ក្រហម

빨간색

ពណ៌ ខ្មៅ

검은색

ពណ៌ ស

흰색

ពណ៌ លឿង

노란색

ពណ៌ ត្នោត

갈색

ពណ៌ ខៀវ

파란색

ពណ៌ ស្វាយ

보라색

● — 옷

អាវយឺត

티셔츠

ខោ

바지

រ៉ូប

원피스

សំពត់

치마

ស្រោម ជើង

양말

កាបូបលុយ

지갑

មួក

모자

ស្បែកជើង

신발

1 주어진 단어를 순서에 맞게 배열하여 문장을 완성해 보세요.

1) ថ្លៃ ប៉ុន្មាន / នេះ / អាវយឺត / តើ

_____?

2) ថ្លៃ / រៀល / ខោ / 20,000 / នេះ

_____។

3) របស់គាត់ / ស្បែកជើង / វិញ / ចុះ

_____?

4) នេះ / ពណ៌ ស្វាយ / ថ្លៃ / រ៉ូប / 59,000 / រៀល

_____។

2 다음 그림을 보고 문장을 완성해 보세요.

1) តើ _____ នេះ ថ្លៃ ប៉ុន្មាន?

2) _____ នេះ _____ 5,000រៀល។

3) តើ _____ នេះ _____?

4) _____ នេះ _____ 50,000រៀល។

3 다음 문장을 캄보디아어로 써 보세요.

1) 이 바지는 얼마예요?

_____

2) 당신의 치마는 얼마예요?

_____

3) 당신의 아빠는요?

_____

4) 저 지갑은 3만 리엘이에요.

_____

4 문제를 듣고 화자가 말한 색깔을 골라 보세요. 🎧 08_04

1) _____ 2) _____ 3) _____ 4) _____

ⓐ

ⓑ

ⓒ

ⓓ

▌캄보디아의 전통 가옥

캄보디아의 전통 가옥은 '프떼아 보란'이라고 합니다. 프떼아는 '집', 보란은 '전통적인', '옛것의'라는 뜻입니다.

캄보디아의 전통 가옥은 직사각형 모양으로 24m2~60m2 정도의 크기입니다. 대부분은 방 하나의 단일 구조이며, 2개 정도의 방으로 공간을 나누는 경우도 있습니다.

집의 주재료는 나무이며, 동향으로 지어지는데, 이렇게 집을 지으면 가정에 행운이 깃들고 태양을 향해 존경을 표한다고 믿기 때문입니다.

집은 보통 3미터 길이의 기둥 약 12개를 이용해 지상으로부터 2~3미터 높이 위에 지어지는데, 집을 높이 짓는 이유는 홍수 등 자연재해에 대비하고, 뱀이나 전갈, 독충 등이 들어오는 걸 막기 위함입니다. 이뿐만 아니라, 평소 기둥 아래의 공간은 농산물 창고로 이용하거나, 자전거·오토바이 등을 보관하는 용도로 사용하기도 합니다.

캄보디아의 기후는 매우 덥기 때문에 사람들은 집 아래에 해먹이나 나무발로 만든 침대를 놓고 낮에는 이웃과 함께 일을 하거나 쉬기도 합니다.

또, 캄보디아인의 90% 이상이 불교 신자들이기 때문에 집집마다 제사상이 마련되어 있고, 조상들의 사진들이 벽에 걸려 있으며, 집은 진한 갈색 또는 빨간색으로 칠합니다. 이 또한 전통적인 불교 문화에서 기인한 것입니다.

집 주변에는 바나나, 코코넛, 망고 등의 과실 나무들을 많이 심어놓고, 텃밭을 만들어 야채를 재배하기도 합니다. 그리고 개나 닭, 소와 같은 가축을 키우며 살아갑니다.

ទៅមើល កុន។

영화 보러 가요.

이번 과에서 학습할 주요표현입니다. 오디오를 듣고 큰 소리로 따라해 보세요. 🎧 09_01

តើ ទៅ មើលកុន ទេ?   영화 보러 갈래요?

따으 떠으 믈 꾼 테

ល្ងាច ថ្ងៃនេះ ខ្ញុំ នឹង ទៅ មើលកុន។   저는 오늘 저녁에 영화 보러 갈 거예요.

릉이엣 틍아이니ㅎ 크뇸 능 떠으 믈 꾼

បន្ទាប់មក ខ្ញុំ គ្រោងទៅ ញ៉ាំបាយល្ងាច។   그 다음에 저녁 먹으러 가려고 해요.

번또압 먹 크뇸 끄롱 떠으 남 바이 릉이엣

ដូច្នេះ ខ្ញុំ ត្រូវ កក់សំបុត្រ។   그래서 저는 표를 예매해야 해요.

도이츠네ㅎ 크뇸 뜨러우 껏 섬볻

មើលកុន 믈꾼 영화 보다		ល្ងាច 릉이엣 저녁	
បន្ទាប់មក 번또압 먹 그 다음에		បាយ ល្ងាច 바이 릉이엣 저녁식사	
ដូច្នេះ 도이츠네ㅎ 그래서		កក់ 껏 예매하다	
សំបុត្រ 섬볻 표			

1 ទៅ (~하러 가다)

ទៅ 떠으 뒤에 동사를 쓰면 '~하러 가다'라는 표현이 됩니다.

ខ្ញុំ បានទៅ ស្ទូចត្រី។	저는 낚시하러 갔어요.
ថ្ងៃនេះ ខ្ញុំ នឹង ទៅ ជិះស្គី។	오늘 저는 인라인스케이트 타러 갈 거예요.
ពូរបស់ខ្ញុំ នឹង ទៅ ឡើងភ្នំ។	저의 삼촌은 등산하러 갈 거예요.

'~하러 갈래요?'라고 물어보는 말은, 앞에서 배운 의문문 형식대로 문장 앞에 តើ 따으 ~ ទេ 떼를 붙입니다.

តើ ទៅ ស្ទូចត្រី ទេ?	낚시하러 갈래요?
តើ ទៅ ជិះស្គី ទេ?	인라인스케이트 타러 갈래요?
តើ ទៅ ឡើងភ្នំ ទេ?	등산하러 갈래요?

2 គ្រោងនឹង (~하려고 하다)

គ្រោងនឹង 끄롱능 뒤에 동사를 쓰면 '~하려고 하다'라는 표현이 됩니다. 앞으로의 계획이나 일정에 대해 얘기할 때 씁니다. នឹង 능을 생략하고 គ្រោង 끄롱만 쓰기도 합니다.

ខ្ញុំ គ្រោងនឹង ទៅ កម្ពុជា។	저는 캄보디아에 가려고 해요.
គាត់ គ្រោងនឹង ទិញ រូប ១។	그분은 원피스를 하나 사려고 해요.
ខ្ញុំ គ្រោងនឹង មើលកុន យប់នេះ។	저는 오늘 밤에 영화를 보려고 해요.

단어 ជិះស្គី 치ㅎ스끼 인라인스케이트 타다   មើលកុន 믈꾼 영화 보다   យប់ 욥 밤   យប់នេះ 욥니 오늘 밤

3 ត្រូវ (~해야 한다)

'~해야 한다'라는 의무나 필요를 나타내는 말은 ត្រូវ 뜨러우 입니다. 마찬가지로, 뒤에 동사를 씁니다.

ថ្ងៃស្អែក ខ្ញុំ ត្រូវ ទៅ សាលារៀន។	내일 저는 학교에 가야 돼요.
ពេលនេះ ខ្ញុំ ត្រូវ លាងចាន។	지금 저는 설거지를 해야 돼요.
ល្ងាចនេះ ខ្ញុំ ត្រូវ ទៅ មើលកុន ។	오늘 저녁에 저는 영화 보러 가야 돼요.

단어 លាងចាន 리응짠 설거지하다   ល្ងាចនេះ 릉이엣니ㅎ 오늘 저녁

취미 (2)

09_02

មើលកុន

영화 보다

ផឹកកាហ្វេ

커피 마시다

ថតរូប

사진 찍다

ជិះស្គី

인라인스케이트 타다

មើលល្ខោន

연극 보다

បោះជំរុំ

캠핑하다

ពិកនិក

소풍 가다

ទេសចរណ៍

여행가다

បោះប៉ូលីង

볼링치다

ជិះកង់

자전거 타다

មើលទូរទស្សន៍

TV 보다

លេងហ្គេម

게임하다

លេងហ្គីតា

기타 치다

គេង

자다

រាំ

춤추다

ចាក់អាវ

뜨개질하다

1 주어진 단어를 순서에 맞게 배열하여 문장을 완성해 보세요.

1) ទៅ / វៀតណាម / គ្រោងនឹង / ខ្ញុំ

_____ ។

2) គ្រោងនឹង / ទៅ / ពិកនិក / ថ្ងៃស្អែក / គ្រួសារខ្ញុំ

_____ ។

3) ពួកខ្ញុំ / មើលកុន / ម្សិលមិញ / បាន / ទៅ

_____ ។

4) ពួកខ្ញុំ / អាវ / ត្រូវ / ពណ៌ ស / ៣ក់

_____ ។

2 다음 문장을 의문문으로 만들어 보세요.

1) ទៅ បោះជំរុំ។

_____ ?

2) ទៅ មើលល្ខោន។

_____ ?

3) ទៅ ជិះស្គី។

_____ ?

4) ទៅ ជិះកង់។

_____ ?

3 다음 문장을 캄보디아어로 써 보세요.

1) 다음 주에 영화를 보러 갈 거예요.

_____

2) 게임하러 갈래요?

_____

3) 내일 저의 엄마는 병원에 가야 해요.

_____

4) 어제 자전거 타러 갔어요.

_____

4 문제를 듣고 빈칸을 받아써 보세요. 🎧 09_03

1) ខ្ញុំ _____ កម្ពុជា។

2) _____ ញូវរបស់ខ្ញុំ នឹង _____ ។

3) ឡាចនេះ _____ ក្ដៅ។

4) គាត់ _____ ៣ក់ ម្ដុក។

캄보디아의 속담

한국과 마찬가지로 캄보디아에도 속담이나 격언들이 많이 있습니다. 이는 오랜 시간 선조들의 경험이 묻어난 말로, 인생에 도움이 되는 가르침이나 훈계를 담고 있습니다. 이 중 몇 가지를 소개합니다.

ឃ្លានឆ្ងាញ់ ស្រលាញ់ល្អ [클리언 층안, 스럴란 러어]

"배고플 땐 뭐든 다 맛있고, 좋아할 땐 뭐든 다 좋다"
처한 상황이 절실할 땐 주어지는 것들에 좋고 나쁨을 판단할 수 없다는 뜻으로, 상황에 현혹되지 말고 신중하라는 의미입니다.

ចោលសាច់ ស្រវាំឆ្អឹង [짜울쌎 스러와 츠엉]

"고기를 버리고 뼈를 잡는다"
사리분별을 못한다는 뜻입니다.

ចុះទឹក ក្រពើ ឡើងលើ ខ្លា [쪼ㅎ 뜩 꺼러쁘 라응 러으 클라]

"물에 들어가면 악어가 있고, 땅에 올라가면 호랑이가 있다"
어떤 것을 택해도 치명적인 처지를 말합니다. 비슷한 뜻의 사자성어로, 사면초가(四面楚歌)가 있습니다.

បើមិនជួយចុក ជួយចៅ កុំយកជើងរាទឹក [바으 믄 쭈위쭉 쭈위짜우 꼼 욕쩌응 리어 뜩]

"배를 탈 때 노를 젓지 않는 자는 발로 물도 건드리지 말라"
어떤 문제를 해결하기 위해 많은 사람들이 노력하고 있는데 도움을 주기는 커녕 잘못된 방법을 고집해 상황을 더 복잡하게 만드는 사람에게 하는 말입니다.

ដៃខ្លី កុំស្រវាំអោបភ្នំ ខ្លួនទាប កុំស្រវាំចាប់ផ្កាយ
[다이 클레이 꼼 스러와 아옵 프놈 클루언띠읍 꼼 설러와 짭 프까이]

"짧은 팔로 산을 안으려고 하지 말고, 작은 키로 별을 따려고 하지 말라"
자신의 분수에 맞게 행동하라는 말입니다. 비슷한 한국 속담으로, "오르지 못할 나무는 쳐다보지도 말라"는 말이 있습니다.

តើ អាច ចូលរួម បានទេ?

참석할 수 있어요?

이번 과에서 학습할 주요표현입니다. 오디오를 듣고 큰 소리로 따라해 보세요. 🎧 10_01

ថ្ងៃសៅរ៍ នេះ គឺជា ថ្ងៃកំណើត របស់ខ្ញុំ។
이번 토요일은 제 생일이에요.

틍아이 싸으　니ㅎ　끄 찌어 틍아이껌 나읃　로버ㅅ 크놈

តើ អាច ចូលរួម បានទេ?
참석할 수 있어요?

따으　앗　쫄 루엄　반 떼

មនុស្ស ៩នាក់នឹង មក។
사람이 9명 올 거예요.

모누ㅎ　쁘람보언 네악　능　먹

អញ្ចឹង ជួបគ្នា នៅល្ងាច ថ្ងៃសៅរ៍ ។
그럼 토요일 저녁에 만나요.

안쯩　쭈업 크니어　너으　릉이엗　틍아이　싸으

 TIP

"생일 축하합니다!"라는 말은　រីករាយថ្ងៃកំណើត
릭리예이 틍아이 껌나읃이라고 합니다. រីករាយ 릭리예
이는 '기쁨', ថ្ងៃកំណើត 틍아이 껌나읃은 '생일'이라
는 뜻입니다.

 새 단 어

ថ្ងៃកំណើត 틍아이 껌 나읃　생일　　　　　ចូលរួម 쫄루엄　참석하다

អញ្ចឹង 안쯩　그럼, 그렇다면　　　　　ជួបគ្នា 쭈업 크니어　서로 만나다

ល្ងាច 릉이엗　저녁

1 អាច ~ បាន (~할 수 있다)

អាច 앗 ~បាន 반은 '~할 수 있다'라는 능력·가능을 나타내는 표현으로, អាច 앗과 បាន 반 사이에 동사를 씁니다. បាន 반은 동사의 과거형을 나타낼 때 쓰기도 하지만, 그때는 동사의 앞에 위치한다는 점에 주의하세요.

អាច + 동사 + បាន

ខ្ញុំ អាច ចូលរួម បាន។	저는 참석할 수 있어요.
ខ្ញុំ អាចទៅ បាន។	저는 갈 수 있어요.
គាត់ អាច ញ៉ាំផ្លែ ធូរេន បាន។	그분은 두리안을 먹을 수 있어요.
ពេលនេះ ខ្ញុំ អាច ដើរ បាន។	지금 저는 걸을 수 있어요.
ថ្ងៃស្អែក នាងនឹង អាច ញ៉ាំបាយ បាន។	내일 그녀는 밥을 먹을 수 있을 거예요.

'~할 수 없다'라는 부정의 표현은 អាច 앗 앞에 부정사 មិន 믄을 붙이고 문장 끝에 ទេ 떼를 붙입니다.

មិនអាច + 동사 + បាន + ទេ

ខ្ញុំ មិនអាច ចូលរួម បានទេ។	저는 참석할 수 없어요.
ខ្ញុំ មិនអាចទៅ បានទេ។	저는 갈 수 없어요.
គាត់ មិនអាច ញ៉ាំផ្លែ ធូរេន បានទេ។	그분은 두리안을 먹을 수 없어요.
ពេលនេះ ខ្ញុំ មិនអាច ដើរ បានទេ។	지금 저는 걸을 수 없어요.
ថ្ងៃស្អែក នាងនឹង មិនអាច ញ៉ាំបាយ បានទេ។	내일 그녀는 밥을 먹을 수 없을 거예요.

'～할 수 있나요?'라고 물어볼 때는, 의문문 형식에 맞춰 문장의 앞과 뒤에 តើ 따으 ～ ទេ 때를 붙입니다.

តើ + 주어 + អាច + 동사 + បាន + ទេ?

តើ គាត់ អាច ចូលរួមបានទេ?	그분은 참석할 수 있어요?	
តើ ម៉ាក់ អាចទៅបានទេ?	엄마는 갈 수 있어요?	
តើ គាត់ អាច ញ៉ាំផ្លែ ធូរ៉េន បានទេ?	그분은 두리안을 먹을 수 있어요?	
តើ ពេលនេះ អ្នក អាច ដើរ បានទេ?	지금 당신은 걸을 수 있어요?	
តើ ថ្ងៃស្អែក នាងនឹង អាច ញ៉ាំបាយ បានទេ?	내일 그녀는 밥을 먹을 수 있을까요?	

2 조수사

사람이나 사물 등을 세는 단위로, 숫자 뒤에 씁니다.

명(사람)	마리(동물)	권(책)	병	조각
នាក់ 네악	ក្បាល 끄발	ក្បាល 끄발	ដប 더업	ចំនិត 쩜늣
잔	벌(옷)	자루(연필)	그루(나무)	
កែវ 까에우	ឈុត 촛	ដើម 다음	ដើម 다음	

សៀវភៅ 1ក្បាល	책 1권	ទឹក 3ដប	물 3병
នំខេក 1ចំនិត	케이크 1조각	ខូឡា 1កែវ	콜라 1잔
អាវ 2ឈុត	옷 2벌	ខ្មៅដៃ 2ដើម	연필 2자루
ដើមឈើ 1ដើម	나무 1그루		

단어 ▶ នំខេក 놈켁 케이크   ខ្មៅដៃ 크마으다이 연필   ដើមឈើ 다음처으 나무

● 장소

មន្ទីរពេទ្យ
병원

ឱសថស្ថាន
약국

សួនកំសាន្ត
놀이공원

សាលារៀន
학교

ផ្សារទំនើប
백화점

ចំណតឡានក្រុង
버스정류장

ក្រុមហ៊ុន
회사

រោងកុន
극장

● 파티/의식

ពិធីមង្គលការ អាពាហ៍ពិពាហ៍	결혼식	ពិធីខួបកំណើត	생일파티
ពិធីភ្ជាប់ពាក្យ	약혼식	ពិធីឡើងគេហដ្ឋាន ពិធីឡើងផ្ទះ	집들이
បុណ្យសព	장례식	បុណ្យចូលឆ្នាំ	설날

1 주어진 단어를 순서에 맞게 배열하여 문장을 완성해 보세요.

1) អាច / ពិធីរឿងផ្ទះ / តើ / ចូលរួម / អ្នក / បាន / ទេ

_____?

2) ពួកខ្ញុំ / បាន / ទេ / ញ៉ាំ / ផ្លែចេក / តើ / អាច

_____?

3) អាច / ខ្ញុំ / បាន / ទេ / តើ / ទៅ

_____?

4) ពួកគាត់ / តើ / បាយឆា នេះ / ញ៉ាំ / អាច / បាន / ទេ

_____?

2 그림을 보고 개수에 맞춰 수와 단위를 써 보세요.

1) សៀរគោ _____

2) ខូឡា _____

3) ប៊ិច _____
   * ប៊ិច 배잇 펜

4) អាវយឺត _____

3 다음 문장을 캄보디아어로 써 보세요.

1) 당신은 학교에 갈 수 있어요?

_____

2) 저는 생일파티에 참석할 수 있어요.

_____

3) 이번 일요일에 그녀는 결혼식에 갈 수 없어요.

_____

4) 저는 미국에 갈 수 있을 거예요.

_____

4 문제를 듣고, 화자가 말한 장소를 골라 보세요. 🎧 10_03

1) _____ 2) _____ 3) _____ 4) _____

ⓐ

ⓑ

ⓒ

ⓓ

캄보디아의 전통 결혼식

캄보디아의 전통 결혼식은 3일 동안 진행됩니다.

첫째 날에는 지참금을 주는 의미로 신랑의 친구와 가족이 과일과 선물을 들고 신부의 집에 가서 양가 가족을 소개하고 반지를 교환하는 의식을 진행합니다.

둘째 날에는 신랑과 신부가 한 가족을 이루어 새로운 삶을 시작하는 의미로 머리카락을 자르는 의식을 진행합니다. 머리카락은 실제로 자르지는 않고 자르는 시늉만 하는데, 양가 부모님, 친척, 친구 중에 선정된 두 명이 하게 됩니다. 머리카락을 자르면서 향수나 꽃을 담은 물도 살짝 뿌려 주는데, 이것은 신랑 신부의 행복을 기원하고 악운을 떨쳐 내는 의미를 담고 있습니다.

셋째 날에는 신랑 신부의 행복과 건강, 영원한 사랑을 기원하는 의미로 친구들이 신랑 신부의 좌우 손목에 '빨간 축복의 끈'을 묶어주고 축복하는 행사를 가집니다. 묶는 과정이 끝나면 야자꽃을 부부에게 던져주며 축복합니다.

이 의식이 끝나면 결혼한 부부들이 동그랗게 앉고, 그 안에 새롭게 맺어진 부부를 앉게 합니다. 그리고 결혼한 부부들이 초를 들고 7번 돌려 신랑 신부에게 축복을 해주는데 이는 악운을 떨쳐내는 의미가 있습니다. 그리고 저녁 7시 정도부터 모든 하객들이 연회에 참석해 맛있는 저녁식사를 나누며 전통 노래를 배경으로 춤을 추며 연회를 즐깁니다.

근래에는 시간과 비용을 줄이기 위해 하루나 이틀 정도로 간소화하여 결혼식을 치르는 것이 추세이기도 합니다.

ខ្ញុំ កំពុងរៀនភាសាខ្មែរ។

저는 캄보디아어를 배우고 있어요.

이번 과에서 학습할 주요표현입니다. 오디오를 듣고 큰 소리로 따라해 보세요. 🎧 11_01

ខ្ញុំ ស្រលាញ់ កម្ពុជា។   저는 캄보디아를 사랑해요.

크놈 쓰럴 란 깜뿌 찌어

សព្វថ្ងៃនេះ ខ្ញុំ កំពុងរៀន ភាសាខ្មែរ។   저는 요즘 캄보디아어를 공부하고 있어요.

썹 틍아이 니ㅎ 크놈 껌 뽕 리언 피어 싸 크마에

ដូច្នេះហើយ, ខ្ញុំ ទៅ បណ្ណាល័យ រាល់ថ្ងៃ។   그래서, 매일 도서관에 가요.

도이츠네ㅎ 하으이. 크놈 떠으 번나 라이 로알 틍아이

ភាសាខ្មែរ ពិបាក។ ប៉ុន្តែ សប្បាយ។   캄보디아어는 어려워요. 하지만 재미있어요.

피어 싸 크마에 삐박 쁜따에 썹바이

សព្វថ្ងៃនេះ 썹틍아이니ㅎ 요즘	រៀន 리언 공부하다, 배우다
ភាសាខ្មែរ 피어싸크마에 캄보디아어	ដូច្នេះហើយ 도이츠네ㅎ하으이 그래서
បណ្ណាល័យ 번나라이 도서관	ពិបាក 삐박 어렵다
ប៉ុន្តែ 쁜따에 하지만	សប្បាយ 썹바이 즐겁다, 재미있다

문법

1 진행시제

កំពុង 껌뽕은 진행형을 나타내는 말로, 동사 앞에 붙입니다.

● 현재진행시제

'～하고 있다'라는 현재진행형은 동사 앞에 កំពុង 껌뽕을 붙입니다.

ខ្ញុំ កំពុង និយាយ។	저는 말하고 있어요.
ខ្ញុំ កំពុង អាន សៀវភៅ។	저는 책을 읽고 있어요.
ខ្ញុំ កំពុង កក់សក់។	저는 머리를 감고 있어요.

의문문을 말할 때는 5과에서 배운 의문문의 형식에 맞춰 말합니다.

តើ អ្នក កំពុង អានសៀវភៅទេ?	당신은 책을 읽고 있어요?
តើ នរណា កំពុង អានសៀវភៅ?	누가 책을 읽고 있어요?
តើ ម៉ាក់ កំពុង កក់សក់ នៅឯណា?	엄마가 어디서 머리를 감고 있어요?
តើ គាត់ កំពុង ញ៉ាំអ្វី?	그분은 무엇을 먹고 있어요?
តើ ប៉ា កំពុង ពាក់អាវ យ៉ាងម៉េច?	아빠가 옷을 어떻게 입고 있어요?
ហេតុអ្វី គាត់ កំពុង ទៅមន្ទីរពេទ្យ?	그분은 왜 병원에 가고 있어요?

단어 ▶ កក់សក់ 꺽썩 머리를 감다

문법

●── 과거진행시제

'~하고 있었다'라는 과거진행형을 표현할 때는 **កំពុង** 껌뿡 앞에 과거를 표현하는 **បាន** 반을 붙입니다.
과거시제와 마찬가지로, 일상생활에서는 **បាន** 반을 생략하기도 합니다.

ខ្ញុំ បានកំពុង និយាយ។	저는 말하고 있었어요.
ខ្ញុំ បានកំពុង អាន សៀវភៅ។	저는 책을 읽고 있었어요.
ខ្ញុំ បានកំពុង កក់សក់។	저는 머리를 감고 있었어요.
តើ អ្នក បានកំពុង អានសៀវភៅទេ?	당신은 책을 읽고 있었어요?
តើ នរណា បានកំពុង អានសៀវភៅ?	누가 책을 읽고 있었어요?
តើ ម៉ាក់ បានកំពុង កក់សក់ នៅឯណា?	엄마가 어디서 머리를 감고 있었어요?
តើ គាត់ បានកំពុង ញ៉ាំអ្វី?	그분은 무엇을 먹고 있었어요?
តើ ប៉ា បានកំពុង ពាក់អាវ យ៉ាងម៉េច?	아빠가 옷을 어떻게 입고 있었어요?
ហេតុអ្វី គាត់ បានកំពុង ទៅមន្ទីរពេទ្យ?	그분은 왜 병원에 가고 있었어요?

និង _능/ហើយនិង _{하오이능}	그리고	ប៉ុន្តែ _{뽄따에}	하지만/그러나
រឺក៏ _{르꺼}	아니면	ពីព្រោះ _{삐쁘루어ㅎ}	~때문에, 왜냐하면
ដូច្នេះហើយ _{도이츠네ㅎ하오이}	그래서	បើ _{바으}	~하면

ខ្ញុំ បានទិញ អាវ 1 និង មួក 1។

저는 옷 하나 그리고 모자 하나를 샀어요.

តើ អ្នក ចូលចិត្ត ផ្លែស្វាយ រឺក៏ ផ្លែចេក?

당신은 망고를 좋아해요, 아니면 바나나를 좋아해요?

គាត់ ស្រលាញ់ខ្ញុំ។ ដូច្នេះហើយ ពួកខ្ញុំនឹង រៀបការ។

그분은 저를 사랑해요. 그래서 우리는 결혼할 거예요.

ខ្ញុំ អាចនិយាយបាន។ ប៉ុន្តែ ខ្ញុំ នឹង មិន និយាយទេ។

저는 말할 수 있어요. 하지만 말하지 않을 거예요.

ខ្ញុំ យំ។ ពីព្រោះ ខ្ញុំ ឈឺចិត្ត។

저는 울어요. 왜냐하면 슬퍼서요.

បើ ខ្ញុំ អផ្សុក ខ្ញុំ នឹង ស្តាប់ ចំរៀង។

저는 심심하면 노래를 들을 거예요.

단어 រៀបការ _{리업까} 결혼하다   យំ _욤 울다   ឈឺចិត្ត _{저으쯥} 슬프다   អផ្សុក _{업쏙} 심심하다

— 다양한 동사

11_02

ដុសធ្មេញ

이를 닦다

កក់សក់

머리를 감다

ងូតទឹក

샤워하다

ពាក់

입다

និយាយ

말하다

ដើរ

걷다

សំអាត

청소하다

រៀន

공부하다

គេង

자다

មើល

보다

អាន

읽다

ស្ដាប់

듣다

1 주어진 단어를 순서에 맞게 배열하여 문장을 완성해 보세요.

1) កំពុង / កម្ពុជា / ខ្ញុំ / ទៅ / ពេលនេះ

_____ ។

2) ទិញគ្រឿង / បាន / ម្សិលមិញ / ខ្ញុំ / កំពុង

_____ ។

3) នាង / ធ្វើ / កំពុង / ពេលនេះ / តើ / អ្វី

_____ ?

4) ពីព្រោះ / នាង / យំ / កំពុង / ខឹង / នាង

_____ ។

2 다음 질문을 읽고 주어진 단어를 사용하여 답해 보세요.

1) តើ អ្នក ចូលចិត្ត បាយឆា រឺ៏ បាយសាច់ជ្រូក?

(볶음밥) _____ ។

2) តើ គាត់ បានកំពុង ធ្វើអ្វី?

(머리 감다) _____ ។

3) តើ ពួកគាត់ កំពុង ទៅឯណា?

(백화점) _____ ។

4) តើ គាត់ បានកំពុង អានអ្វី?

(책) _____ ។

3 다음 문장을 캄보디아어로 써 보세요.

1) 지금 저는 샌드위치를 먹고 있어요.

_____

2) 엄마가 요리하고 있어요.

_____

3) 그녀는 예뻐요. 그래서 저는 그녀를 사랑해요.

_____

4) 저는 자전거를 탈 줄 알아요. 하지만 저는 축구는 할 줄 몰라요.

_____

4 문제를 듣고 빈칸을 받아써 보세요. 🎧 11_03

1) _____ អ្នក កំពុង និយាយ _____?

2) ខ្ញុំ កាន់ទិញ អាវ ១ _____ ម្ដុក ១។

3) ម្សិលមិញ ខ្ញុំ _____ ជប៉ុន។

4) _____ ខ្ញុំ អស្បើក ខ្ញុំ _____ គូរគំនូរ។

캄보디아의 명절

캄보디아의 큰 명절은 세 가지가 있으며, 날짜는 해마다 조금씩 달라집니다.

● 새해(쫄츠남): 4월 13일~15일

새해는 가장 큰 명절 중 하나입니다. 농번기 때문에 농사하는 사람들이 충분히 쉬지 못해서 가장 더운 4월에 새해를 만들었다고 합니다. 이때는 고향에 가거나 가족들이 함께 모여 맛있는 음식을 만들어 먹습니다.

이웃들과 함께 전통 게임을 하기도 하며, 절에 가서 스님에게 음식과 선물을 대접하기도 합니다. TV 방송에서는 새해를 맞이하여 각 띠의 천사가 승진하는 예식을 합니다.

● 쁘춤번: 음력 8월 29일~9월 1일

본 쁘춤번은 한국의 추석과 같은 명절입니다. 떨어져 사는 가족들이 다 함께 고향에 모여 명절을 지냅니다. 새해와 마찬가지로 전통음식을 만들고 가족들과 함께 절에 가지만, '죽은 사람들을 위한 날'이라는 특별한 의미가 있어, 조상들에게 음식을 바치고 복을 기원합니다.

● 물축제: 음력 10월 14일~16일

물축제는 왕국 앞 메콩강에서 보트 경주를 벌이는 축제입니다. 이 축제는 물이 있어 농사를 할 수 있기 때문에 물에게 감사하는 의미가 있고, 농사의 시작을 알리는 날이기도 합니다. 물 축제 때는 많은 지방 사람들이 보트 경주를 구경하러 옵니다.

តើ ធ្លាប់ ទៅ អង្គរវត្ត ទេ?

앙코르 와트에 가 봤어요?

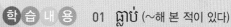

이번 과에서 학습할 주요표현입니다. 오디오를 듣고 큰 소리로 따라해 보세요.　🎧 12_01

តើ ធ្លាប់ ទៅ អង្គរវត្ត ទេ?　앙코르 와트에 가봤어요?

따으 틀로압 떠으 앙꼬 왈 때

ខ្ញុំ អត់ធ្លាប់ ទៅ អង្គរវត្ត ទេ។　저는 앙코르 와트에 가 본 적이 없어요.

크놈 얼 틀로압 떠으 앙꼬 왈 때

សាក ទៅ មើលទៅ។ ទីនោះ ស្អាតណាស់។　보러 가 보세요. 거기 아주 예뻐요.

싹 떠으 믈 떠으 띠 눟 싸앝 낳

សប្តាហ៍ក្រោយ សាក ទៅ មើលទេ?　다음 주에 보러 가 볼래요?

쌉바다 끄라우이 싹 떠으 믈 때

TIP

앙코르 와트는 12세기에 세워진 캄보디아의 대표적인 문화유산입니다. 1992년에 7대 유네스코 세계 유산으로 인정받아 지금까지 많은 관광객들이 찾고 있는 유적지입니다.

새 단 어

អង្គរវត្ត 앙꼬왈　앙코르 와트

문법

1 ធ្លាប់ (~해 본 적이 있다)

ធ្លាប់ 틀로업은 '~해 본 적이 있다'라고 경험을 이야기 할 때 쓰는 표현입니다. ធ្លាប់ 틀로업 뒤에 동사를 씁니다.

ខ្ញុំ ធ្លាប់ ញ៉ាំ ធ្លៃធូរេន។	저는 두리안을 먹어 본 적이 있어요.
ខ្ញុំ ធ្លាប់ ទៅ បារាំង។	저는 프랑스에 가 본 적이 있어요.
ខ្ញុំ ធ្លាប់ មើល កុន កូរ៉េ។	저는 한국 영화를 본 적이 있어요.
ខ្ញុំ ធ្លាប់ ជួប នាង។	저는 그녀를 만나 본 적이 있어요.

'~해 본 적이 없다'라고 부정의 의미로 말할 때는 ធ្លាប់ 틀로업 앞에 부정사 មិន 믄 또는 អត់ 엇을 쓰고, 문장 끝에 ទេ 떼를 씁니다.

មិន/អត់ធ្លាប់ + 동사 + ទេ

ខ្ញុំ មិនធ្លាប់ ញ៉ាំធ្លៃធូរេនទេ។	저는 두리안을 먹어 본 적이 없어요.
ខ្ញុំ អត់ធ្លាប់ ទៅ បារាំងទេ។	저는 프랑스에 가 본 적이 없어요.
ខ្ញុំ អត់ធ្លាប់ មើល កុន កូរ៉េទេ។	저는 한국 영화를 본 적이 없어요.
ខ្ញុំ មិនធ្លាប់ ជួប នាងទេ។	저는 그녀를 만나 본 적이 없어요.

'~해 본 적이 있나요?'라고 물어볼 때는, 문장 앞과 뒤에 តើ 따으 ~ ទេ 떼를 붙입니다.

តើ អ្នក ធ្លាប់ ញ៉ាំផ្លែធូរ៉េនទេ?	당신은 두리안을 먹어 본 적이 있어요?
តើ អ្នក ធ្លាប់ ទៅ បារាំងទេ?	당신은 프랑스에 가 본 적이 있어요?
តើ អ្នក ធ្លាប់ មើល កុន កូរ៉េទេ?	당신은 한국 영화를 본 적이 있어요?
តើ អ្នក ធ្លាប់ ជួប នាងទេ?	당신은 그녀를 만나 본 적이 있어요?

2 សាក ~ មើលទៅ (~해 보세요)

សាក 싹 ~មើលទៅ 믈떠으는 '~해 보세요'라는 의미로, 무언가를 제안하거나 추천할 때 쓰는 표현입니다.

សាក + 동사 + (목적어) + មើលទៅ។

សាក ញ៉ាំមើលទៅ។	먹어 보세요.
សាក លេងហ្គេម មើលទៅ។	게임을 해 보세요.
សាក ពាក់ អាវ នេះ មើលទៅ។	이 옷을 입어 보세요.

'~해 보세요'와 같은 의미로, '~해 볼래요?'라는 의문문의 형식을 쓸 수도 있습니다. 이럴 때는 សាក 싹 ~ មើលទេ 믈떼?라고 말합니다. 의문문의 형식이므로 문장 끝에 ទេ 떼를 붙입니다.

សាក ញ៉ាំមើលទេ?	먹어 볼래요?
សាក លេងហ្គេម មើលទេ?	게임을 해 볼래요?
សាក ពាក់ អាវ នេះ មើលទេ?	이 옷을 입어 볼래요?

● 관광지 　　　　　　　　　　　　　🎧 12_02

ប្រាសាទ

사원/유적지

ទឹកជ្រោះ/ទឹកធ្លាក់

폭포

កោះ

섬

សមុទ្រ

바다

ព្រះរាជវាំង

왕궁

សារមន្ទីរ

박물관

ទន្លេ

강

ផ្ទះ អណ្ដែតទឹក

수상가옥

● 형용사 (1)

ល្អ	좋다	អាក្រក់	나쁘다
ស្អាត	예쁘다, 깨끗하다	កខ្វក់	더럽다
សង្ហា	잘생기다	មិនសង្ហា	못생기다
យឺត	느리다	លឿន	빠르다
ងាយស្រួល	쉽다	ពិបាក	어렵다

1 주어진 단어를 순서에 맞게 배열하여 문장을 완성해 보세요.

1) ទៅ / គាត់ / អង់គ្លេស / ធ្លាប់ / ទេ / តើ

_____?

2) សាក / មើលទៅ / ញ៉ាំ / ផ្អែមចេក

_____។

3) មើលទេ / ៣ក់ / សាក / អាវ / នេះ

_____?

4) ទេ / អ្នក / តើ / ស៊ូចត្រី / ធ្លាប់

_____?

2 다음 문장을 의문문으로 바꿔 써 보세요.

1) នាង ធ្លាប់ ញ៉ាំគុយទាវ។

_____?

2) សាក ទៅ បារាំង មើលទៅ។

_____?

3) គាត់ ធ្លាប់ ជិះកង់។

_____?

4) សាក ទៅបោះប៉ូលីង មើលទៅ។

_____?

3 다음 문장을 캄보디아어로 써 보세요.

1) 망고를 먹어 볼래요?

_____

2) 이 원피스를 입어 보세요.

_____

3) 저의 엄마는 영국에 가 본 적이 있어요.

_____

4) 낚시해 본 적이 있어요?

_____

4 문제를 듣고 빈칸을 받아써 보세요. 🎧 12_03

1) សាកទៅ _____ មើលទេ?

2) ខ្ញុំ ធ្លាប់ _____ ។

3) ម៉ាក់ _____ មិន ធ្លាប់ ទៅ _____ ។

4) នាង _____ ផ្ទៃធ្លូរួនទេ។

▌앙코르 와트 (Angkor Wat)

앙코르 와트는 캄보디아의 대표적인 문화유산으로 시엠립이라는 도시의 북쪽에 있습니다. 캄보디아 국기의 중앙에 앙코르 와트 그림이 들어가 있을 정도로 캄보디아를 상징하며, 유네스코가 지정한 7대 세계문화유산 중 하나이기도 합니다.

앙코르 와트는 12세기에 크메르 제국의 황제 수르야바르만 2세에 의해 30여년 간에 걸쳐 지어졌습니다. 앙코르 와트는 정문이 서쪽을 향하고 있는 게 특징인데, 이는 해가 지는 서쪽에 사후 세계가 있다는 힌두교 교리에 의한 것이라고 합니다.

길이 3.6km의 직사각형 해자에 둘러싸여 있는 이 사원의 구조는 크메르 사원 건축 양식에 따라 축조되었다고 합니다. 앙코르 와트는 인공호수로 둘러싸여 있으며 건물의 높이만도 100m를 넘는다고 합니다. 사원 가운데의 높은 탑은 우주 중심인 메루산을, 주위에 있는 4개의 탑은 주변의 봉우리들을 상징합니다.

앙코르 와트에 들어가면 곳곳에 전쟁과 종교에 대한 다양한 이야기가 그림으로 돌벽면에 새겨져 있습니다. 또한 곳곳에 거대한 스펑나무들이 사원을 뒤덮고 있는 모습을 자주 볼 수 있습니다. 1990년부터 관광객들이 계속 증가하여 지금까지도 많은 관광객들에게 사랑 받고 있습니다.

〈앙코르 와트〉

បើចង់ ធ្វើម្ហូប ត្រូវ ចេះលាយគ្រឿង។

요리를 하려면 양념을 할 줄 알아야 해요.

📖 이번 과에서 학습할 주요표현입니다. 오디오를 듣고 큰 소리로 따라해 보세요. 🎧 13_01

ថ្ងៃនេះ ខ្ញុំ បាន ធ្វើម្ហូប។
텅아이니ㅎ 크놈 반 트워 머홉

저는 오늘 요리를 했어요.

បើចង់ ធ្វើ ម្ហូប ត្រូវ ចេះលាយគ្រឿង។
바으 쩡 트워 머홉 뜨러우 째ㅎ 리어이 끄릉

요리를 하려면 양념을 할 줄 알아야 해요.

មានតែ ស្ករស និង ប្រេងល្ងទេ។
미은 따에 스꺼서 능 쁘레잉 릉오 떼

설탕이랑 참기름밖에 없어요.

កុំ ព្រួយអ្វី។ មិនអីទេ។
꼼 쁘루이 아이 믄 아이 떼

걱정하지 마요. 괜찮아요.

 새 단어

លាយគ្រឿង	리어이끄릉 양념하다	ស្ករស	스꺼서 설탕
ប្រេងល្ង	쁘레잉릉오 참기름	ព្រួយ	쁘루이 걱정하다

문법

1 បើចង់ ~ (만약 ~하고 싶다면)

បើ 바으는 '만약', ចង់ 쩡은 '~을 원하다'라는 뜻으로 **បើចង់** 바으쩡이라고 하면 '만약 ~하고 싶다면'이라는 조건을 나타내는 표현이 됩니다. 다음과 같은 형식으로 쓰며, 주어가 일반적인 대상일 때는 생략할 수 있습니다.

បើ + (주어) + ចង់ + 동사/형용사

បើអ្នកចង់ ញ៉ាំបាយ ត្រូវ ធ្វើម្ហូប។　　당신은 밥을 먹으려면 요리를 해야 해요.

បើចង់ គេង ត្រូវ ងូតទឹកមុន។　　자려면 먼저 샤워해야 해요.

បើចង់ សប្បាយ ត្រូវ លេងហ្គេម។　　재미있으려면 게임을 해야 해요.

បើអ្នកចង់ ស្អាត ត្រូវ ញ៉ាំទឹក។　　당신은 예뻐지고 싶다면 물을 먹어야 해요.

2 មានតែ ~ ទេ (~밖에 없어요)

មានតែ 미은따에 ~ ទេ 떼는 '~밖에 없다'라는 표현입니다. មានតែ 미은따에와 ទេ 떼는 항상 같이 써야 합니다.

(주어) + មានតែ + 명사 + ទេ។

មានតែ ខ្ញុំ ទេ។　　저밖에 없어요.

នៅ បន្ទប់នេះ មានតែ តុ 1ទេ។　　이 방에는 탁자가 하나밖에 없어요.

ខ្ញុំ មានតែ មួក 1ទេ។　　저는 모자 하나밖에 없어요.

단어 មុន 몬 먼저　　បន្ទប់ 번똡 방

3 កុំ ~ អី (~하지 마세요)

កុំ 꼼 ~ អី 아이는 '~하지 마세요'라는 명령형 표현입니다. 일상생활에서는 អី 아이를 생략하는 경우가 많지만 អី 아이를 쓰면 공손한 표현이 됩니다.

កុំ + 동사/형용사 + អី។

កុំ យំ អី។	울지 마세요.
កុំ ឈឺចិត្ត អី។	슬퍼하지 마세요.
កុំ អាន សៀវភៅ អី។	책을 읽지 마세요.
កុំ ទៅទីនោះ អី។	거기에 가지 마세요.
កុំ ស្ដាប់ចំរៀង អី។	노래를 듣지 마세요.
កុំ ដាក់ ទឹកខ្មេះ អី។	식초를 넣지 마세요.
កុំ សើច អី។	웃지 마세요.

단어 ▶ ដាក់ 닥 넣다 សើច 싸읏 웃다

● 양념과 맛

🎧 13_02

ស្ករស	설탕	អំបិល	소금
ម្រេច	후춧가루	ទឹកខ្មេះ	식초
ប្រេងល្ង	참기름	ទឹកស៊ីអ៊ីវ	간장
ប្រេងសណ្ដែក	식용유	ម្សៅម្ទេស	고춧가루
សៀង	된장	ម្សៅស្រូវសាឡី	밀가루
ល្ង	깨소금	ខ្ទឹមចិញ្ច្រាំ	다진 마늘
ផ្អែម	달다	សាប	싱겁다
ជូរផ្អែម	새콤달콤	ប្រៃ	짜다
ល្វីង	쓰다	ជូរ	시큼하다
ហឹរ	맵다	ផ្អែមហឹរ	매콤하다
ឆ្ងាញ់	맛있다		

연습문제

1 주어진 단어를 순서에 맞게 배열하여 문장을 완성해 보세요.

1) ដាក់ / ម្រេច / អី / និង / អំបិល / កុំ

______________________________ ។

2) ត្រូវ / ទឹក / ស្អាត / បើចង់ / ញ៉ាំ

______________________________ ។

3) នៅ / ទេ / មានតែ / ពណ៌ស / អាវ / ទីនេះ

______________________________ ។

4) កាហ្វេ / កុំ / អី / ផឹក

______________________________ ។

2 주어진 단어를 사용하여 '~하지 마세요'라는 문장을 써 보세요.

1) លេងហ្គីតា

______________________________ ។

2) រាំ

______________________________ ។

3) ផឹកកាហ្វេ

______________________________ ។

4) មើលទូរទស្សន៍

______________________________ ។

3 다음 문장을 캄보디아어로 써 보세요.

1) 후춧가루랑 고춧가루를 넣어 주세요.

_____

2) 저를 만나려면 학교에 와야 해요.

_____

3) 엄마가 화 났어요. 웃지 마세요.

_____

4) 밥 먹지 마세요.

_____

4 문제를 듣고 빈칸을 받아써 보세요. 🎧 13_03

1) នៅទីនេះ _____ ទឹកខ្មេះ _____ ។

2) _____ ខ្ញុំ, _____ និង ម៉ាក់ _____ ។

3) កុំ _____ អី។

4) នៅផ្ទះ មានតែ _____ និង _____ ទេ។

캄보디아의 전통 춤 '앞사라'

캄보디아의 전통 춤 중에 외국 사람에게 가장 인기를 끌고 많이 알려진 춤은 '앞사라' 춤입니다. 앞사라 춤은 여성들만 추는 춤입니다.

이 춤의 동작은 손가락, 무릎, 다리, 발가락 등을 이용한 아주 섬세하고 정확한 동작으로 캄보디아 전통음악에 맞춰 추는 춤입니다.

앞사라 댄서들의 의상은 실크로 만든 치마로 '썸뽓쩡크븐'이라고 부르며 다양한 색상의 치마를 입습니다.

썸뽓쩡크븐을 입고 그 위에 금색 액세서리와 꽃들로 화려하게 치장합니다. 머리에는 크고 빛나는 금관을 쓰고, 귀에는 '프까쩜빠'라고 부르는 꽃을 꽂습니다. 어깨까지 내려오는 큰 금귀걸이를 하고 양쪽 팔목에는 꽃팔찌와 다양한 문양의 금팔찌를 합니다. 이 외에도, 어깨부터 이어지는 팔 윗부분과 허리, 발목에도 화려하고 독특한 문양의 금색 장신구들로 치장합니다.

화려한 의상과 아름다운 미소를 보여주는 아름다운 전통 춤으로, 앙코르 와트 유적지 곳곳에서도 발견할 수 있습니다.

역사가 깊은 만큼 이를 배우고 싶어하는 여성들이 많고, 앞사라 춤만 전수하는 전문 학교가 있어 아주 어린 학생부터 젊은 여성들까지 전문 댄서들을 육성하고 있습니다.

〈앞사라 춤〉

មកពី ខ្ញុំ រៀនច្រើន បានជា មិនរាំ។

저는 부끄러움이 많아서 춤을 안 춰요.

이번 과에서 학습할 주요표현입니다. 오디오를 듣고 큰 소리로 따라해 보세요. 🎧 14_01

មកពី ខ្ញុំ អៀនច្រើន បានជា មិនរាំ។   저는 부끄러움이 많아서 춤을 안 춰요.

먹 삐 크뇸 이은 쯔라은   반 찌어   믄 로암

មកពី គាត់ ចុះក្នុងសង្គម បានជា មានមិត្តភក្ដិច្រើន។

먹   삐 꼬앗 쪼ㅎ크농 성꼼   반 찌어   미은 멀 페악 쯔라은

그분은 사교적이어서 친구가 많이 있어요.

គាត់ប្រហែលជា ចិត្តល្អហើយមើលទៅ។   그분은 친절한 것 같아요.

꼬앗 쁘러 하엘 찌어 쩔 러어 하오이 믈 떠으

អ្នក ក៏អញ្ចឹងដែរ។   당신도 그래요.

네악 꺼 안쯩 다에

TIP

"당신의 성격은 어떤가요?"라고 묻는 표현은
តើចរិតលក្ខណៈរបស់អ្នក យ៉ាងម៉េចដែរ?
따으 짜릇레카나 로버ㅎ네악 양멪다에입니다.
한국에서는 혈액형별 성격에 관심이 많지만,
캄보디아 사람들은 혈액형에 관심이 없고,
많은 사람들이 자신의 혈액형을 모릅니다.

새 단 어

អៀនច្រើន 이은 쯔라은   부끄러움이 많다   ចុះក្នុងសង្គម 쪼ㅎ크농성꼼   사교적

មិត្តភក្ដិ 멀페악   친구   ចិត្តល្អ 쩔러어   친절하다

អញ្ចឹង 안쯩   그렇다

1 មកពី ~ បានជា … (~해서/이어서 …하다)

មកពី 먹삐는 '~해서/이어서', '~ 때문에'라는 뜻으로, មកពី 먹삐 ~ បានជា 반찌어…라고 하면 '~해서 …하다', '~ 때문에 …하다'라는 뜻입니다.

មកពី គេង បានជា អារម្មណ៍ល្អ។	자서 기분이 좋아요.
មកពី ស្ដាប់ចម្រៀង បានជា សប្បាយចិត្ត។	노래를 들어서 기뻐요.
មកពី ខ្ញុំ ឈឺ បានជា ទៅមន្ទីរពេទ្យ។	저는 아파서 병원에 가요.
មកពី អារម្មណ៍ល្អ បានជា សើច។	기분이 좋아서 웃어요.
មកពី សិស្ស បានជា ទៅសាលា។	학생이어서 학교에 가요.
មកពី បណ្ណាល័យ បានជា មានសៀវភៅច្រើន។	도서관이어서 책이 많이 있어요.

'~하지 않아서'는 동사·형용사 앞에 부정사 មិន 믄을, '~이 아니어서'는 명사 앞에 មិនមែន 믄멘을 붙여 말합니다.

មកពី ខ្ញុំ មិនឈឺ បានជា មិនទៅមន្ទីរពេទ្យ។	저는 아프지 않아서 병원에 안 가요.
មកពី មិនបានគេង បានជា អារម្មណ៍មិនល្អ។	잠을 못 자서 기분이 나빠요.
មកពី មិនមែនសិស្ស បានជា មិនទៅសាលា។	학생이 아니어서 학교에 안 가요.

단어   អារម្មណ៍ល្អ 아럼러어 기분이 좋다   សប្បាយចិត្ត 쌉바이쯧 기쁘다   អារម្មណ៍មិនល្អ 아럼 믄러어 기분이 나쁘다

2 ប្រហែលជា ~ ហើយមើលទៅ (~한/인 것 같다)

ប្រហែលជា 쁘러하엘찌어 ~ ហើយមើលទៅ 하으이믈떠으는 '~한/인 것 같다', '~한/인 것처럼 보이다'
라는 뜻으로, 다음과 같은 형식으로 씁니다.

ប្រហែលជា + 동사/형용사/명사 + ហើយមើលទៅ

បងស្រីរបស់ខ្ញុំ ប្រហែលជា ទៅសាលា ហើយមើលទៅ។   저의 언니/누나가 학교에 가는 것 같아요.

នេះ ប្រហែលជា អំបិល ហើយមើលទៅ។   이것은 소금인 것 같아요.

3 ~ក៏ …ដែរ (~도 …하다)

주어 뒤에 ក៏ 꺼 ~ ដែរ 다에를 쓰면, '주어가 다른 대상과 마찬가지로 ~하다' 즉, '주어도 ~하다'라는
표현이 됩니다.

ខ្ញុំ ក៏ ញ៉ាំដែរ។   저도 먹어요.

ម៉ាក់ របស់ខ្ញុំ ក៏ គ្រូបង្រៀនដែរ។   저의 엄마도 선생님이에요.

ប្អូនស្រី របស់ខ្ញុំក៏ ស្អាតដែរ។   저의 여동생도 예뻐요.

성격 및 감정

អៀន	부끄럽다	ក្លាហាន	용감하다
ខ្លាចច្រើន	겁이 많다	មិនចេះខ្លាច	겁이 없다
មានគំនិតអវិជ្ជមាន	부정적이다	មានគំនិតវិជ្ជមាន	긍정적이다
យឺតយ៉ាវ	느리다	រហ័សរហួន	활발하다
អាត្មានិយម	이기적이다	គិតគូរវែងឆ្ងាយ	생각이 깊다
ដាក់ខ្លួន	겸손하다	ត្រង់	솔직하다
ខឹង	화나다	ចិត្តល្អ	친절하다
ឈឺចិត្ត	슬프다	សប្បាយចិត្ត	기쁘다
យំ	울다	សើច	웃다
អារម្មណ៍មិនល្អ	기분이 나쁘다	អារម្មណ៍ល្អ	기분이 좋다
ឯកកោ	외롭다	ស្រលាញ់	사랑하다
អផ្សុក	심심하다	ធុញទ្រាន់	귀찮다
ខ្វល់ខ្វាយ	걱정하다	ពេញចិត្ត	만족하다
តូចចិត្ត	속상하다	ម៉ូររម៉ៅ	짜증나다
ស្ដប់	밉다	ប្រណែន	부럽다

1 주어진 단어를 순서에 맞게 배열하여 문장을 완성해 보세요.

1) គូរ៉ែ / ប្រហែលជា / ទៅ / ហើយមើលទៅ / គាត់

_____ ។

2) ហើយមើលទៅ / ម៉ាក់ / ប្រហែលជា / ញញឹមបាយ

_____ ។

3) ប្រហែលជា / ជូរ / ផ្អែស្វាយ / ហើយមើលទៅ / នេះ

_____ ។

4) ហើយមើលទៅ / យំ / ប្រហែលជា / នាង

_____ ។

2 다음 문장을 부정문으로 바꿔 써 보세요.

1) មកពី ខ្ញុំ ឈឺ បានជា ទៅមន្ទីរពេទ្យ។

_____

2) មកពី សិស្ស បានជា ទៅសាលា។

_____

3) មកពី សប្បាយចិត្តបានជា សើច។

_____

4) មកពី ចិត្តល្អបានជា មានមិត្តភ័ក្ត។

_____

3 다음 문장을 캄보디아어로 써 보세요.

1) 저도 쌀국수를 먹어요.

_____

2) 오늘 작은삼촌이 아픈 것 같아요.

_____

3) 우유가 냉장고 안에 있는 것 같아요.

_____

4) 아빠가 기분이 좋은 것 같아요.

_____

4 문제를 듣고 빈칸을 받아써 보세요. 🎧 14_03

1) គាត់ ប្រហែលជា _____ ហើយមើលទៅ។

2) _____ ប្រហែលជា _____ ហើយមើលទៅ។

3) _____ ក៏ _____ ដែរ។

4) _____ អផ្សុក _____ ។

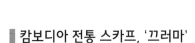

▌캄보디아 전통 스카프, '끄러마'

끄러마는 실크로 만든 캄보디아의 전통 스카프를 말합니다.

색상은 다양하지만 각각 한 가지 색으로만 만들어져 왔습니다. 요즘은 관광상품 등으로 개발되어 전통 문양 등 여러 색상이 들어간 끄러마도 많이 있습니다.

전통적으로 끄러마는 캄보디아의 뜨거운 햇빛으로부터 몸이나 머리를 보호하고, 땀을 닦거나 주변에 날리는 흙먼지로부터 몸을 보호하기 위해 둘렀던 스카프를 말합니다. 밭에서 일을 할 때뿐만 아니라, 샤워할 때나 샤워 후에 수건 또는 몸을 가리는 용도로 사용하며 남자들은 집에서 바지 대신 끄러마를 둘러 입기도 하고, 여자들은 아기를 업거나 아기를 감쌀 때 사용하기도 합니다.

이렇듯 끄러마는 캄보디아 사람들의 일상생활에서 아주 흔하고 가까운 물건입니다.

요즘에는 관광상품으로도 인기가 많아 많은 사람들이 생계수단으로 끄러마를 만들어 판매합니다. 끄러마의 종류도 점점 다양해지고, 끄러마 원단으로 만든 가방이나 옷 등의 응용상품도 개발되고 있습니다.

〈끄러마〉

តើ មួយណា ល្អជាង ?

어떤 게 더 좋아요?

📖 이번 과에서 학습할 주요표현입니다. 오디오를 듣고 큰 소리로 따라해 보세요. 🎧 15_01

តោះ ទៅមើលកុន ទេ?　영화 보러 갈래요?

떠ㅎ　떠으 믈　꼰　떼

កុនរន្ធត់ និង កុនកំប្លែង តើមួយណា ល្អជាង?

꼰　론톧　능　꼰 껌 플라잉　따으 모이　나　러어　찌응

공포 영화랑 코미디 영화 어떤 게 더 좋아요?

កុនកំប្លែង ល្អជាង។　코미디 영화가 더 좋아요.

꼰　껌 플라잉　러어　찌응

ខ្ញុំ ស្អប់ កុនរន្ធត់ ជាងគេ។　저는 공포 영화를 제일 싫어해요.

크놈 써업　꼰　론톧　찌응　께

កុន 꼰 영화	កុនរន្ធត់ 꼰 론톧 공포 영화
កុនកំប្លែង 꼰껌플라잉 코미디 영화	ស្អប់ 써업 싫어하다

문법

1 **គោះ** (~하자)

문장이나 동사 앞에 **គោះ** 떠ㅎ를 쓰면 '~하자'라는 뜻이 됩니다.

គោះ ទៅផ្សារ។	시장에 가자.
គោះ ទៅជិះកង់។	자전거 타러 가자.
គោះ ញ៉ាំបាយ។	밥 먹자.
គោះ ទៅសាលារៀន។	학교 가자.

같은 의미로, '~할래?'라고 의문문 형식으로 말할 때는 문장 끝에 **ទេ** 떼를 붙입니다.

គោះ ទៅផ្សារទេ?	시장에 갈래?
គោះ ទៅជិះកង់ទេ?	자전거 타러 갈래?
គោះ ញ៉ាំបាយទេ?	밥 먹을래?
គោះ ទៅសាលារៀនទេ?	학교 갈래?

2 비교급

'더 ~하다'라는 비교급의 표현은 형용사 뒤에 **ជាង** 찌응을 붙입니다.

កាតាបនេះ ស្អាត ជាង។	이 가방이 더 예뻐요.
ប្អូនស្រី របស់ខ្ញុំ ចិត្តល្អ ជាង។	저의 여동생이 더 친절해요.
ប៉ា របស់ខ្ញុំ សង្ហា ជាង។	저의 아빠가 더 잘생겼어요.

단어 កាតាប 까답 가방

'어떤 것이 더 ~해요?'라고 물어볼 때는, 의문사 **មួយណា** 모이나를 사용합니다. **មួយណា** 모이나는 '어떤 것'이라는 대명사로도 쓰이며, '어느, 어느 쪽의'라는 형용사로도 쓰입니다. 형용사로 쓰일 때는 명사의 뒤에 온다는 점을 주의하세요.

តើ កាតាប មួយណា ស្អាតជាង?	어느 가방이 더 예뻐요?
តើ មួយណា ឆ្ងាញ់ជាង?	어떤 게 더 맛있어요?
តើ មួយណា ក្រាស់ជាង?	어떤 게 더 두꺼워요?

3 **최상급**

'제일 ~하다'라는 최상급의 표현은 형용사 뒤에 **ជាងគេ** 찌응께를 붙입니다.

កាតាបនេះ ស្អាត ជាងគេ។	이 가방이 제일 예뻐요.
ប្អូនស្រី របស់ខ្ញុំ ចិត្តល្អ ជាងគេ។	저의 여동생이 제일 친절해요.
ប៉ា របស់ខ្ញុំ សង្ហា ជាងគេ។	저의 아빠가 제일 잘생겼어요.
តើ កាតាប មួយណា ស្អាតជាងគេ?	어떤 가방이 제일 예뻐요?
តើ មួយណា ឆ្ងាញ់ជាងគេ?	어떤 게 제일 맛있어요?
តើ មួយណា ក្រាស់ជាងគេ?	어떤 게 제일 두꺼워요?

단어 ▸ ក្រាស់ 꺼라ㅎ 두껍다

●── 영화 장르 15_02

កុន រន្ធត់	공포 영화	កុន មនោសញ្ចេតនា	로맨틱 영화
កុន កំសត់	슬픈 영화	កុន កំប្លែង	코미디 영화
កុន ប្រយុទ្ធគ្នា	액션 영화	កុន តុក្កតា	애니메이션
កុន ពីប្រវត្តិសាស្ត្រ	역사 영화	កុន ពីសង្គ្រាម	전쟁 영화

●── 형용사 (2)

វែង	길다	ខ្លី	짧다
ធាត់	뚱뚱하다	ស្គម	마르다
ក្រាស់	두껍다	ស្តើង	얇다
ធំ	크다	តូច	작다
ខ្ពស់	높다	ទាប	낮다

1 주어진 단어를 순서에 맞게 배열하여 문장을 완성해 보세요.

1) នេះ / ថ្លៃ / អារយ៉ឺត / ជាង

_____ ។

2) តើ / វែង / មួយណា / ជាងគេ / តុ

_____ ?

3) គោះ / សូចត្រី / ទៅ

_____ ។

4) ទេ / លេងបាល់បោះ / ទៅ / គោះ

_____ ?

2 다음 단어의 반대말을 써 보세요.

1) តូច _____

2) វែង _____

3) ខ្ពស់ _____

4) ស្ទើង _____

3 다음 문장을 캄보디아어로 써 보세요.

1) 오렌지주스가 더 맛있어요.

_____

2) 제가 제일 예뻐요.

_____

3) 저의 의자가 제일 높아요.

_____

4) 어느 신발이 제일 예뻐요?

_____

4 문제를 듣고 빈칸을 받아써 보세요. 🎧 15_03

1) គោះ _____ ទេ?

2) ម្ហូបនេះ ស្ងោ ត _____ ។

3) តើ _____ ជាំ _____?

4) _____ សំពត់ _____ តូច _____?

▌캄보디아의 전통 놀이

캄보디아에는 다양한 전통 놀이가 있습니다. 특히 한국의 설날과 같은 쫄츠남에는 동네 혹은 사원 등에서 사람들과 함께 전통 놀이를 합니다.

첫 번째 소개할 놀이는 '버ㅎ 엉꼰'이라는 투호 놀이입니다. '버ㅎ'는 '던지다'라는 뜻이고, '엉꼰'은 나무의 열매 이름입니다. 즉, 엉꼰 나무의 열매를 던지며 하는 놀이입니다. 6명 이상의 인원이 두 팀으로 나뉘어 상대팀의 엉꼰을 던져 맞춰서 상대팀의 엉꼰을 획득하는 놀이입니다. 상대팀의 엉꼰을 모두 획득한 팀이 이기게 됩니다.

두 번째는, '짜울 추웅'이라는 또 다른 투호 놀이입니다. '짜울'은 '던지다' 혹은 '버리다'라는 뜻이고 '추웅'은 나뭇잎 등을 넣어 묶은 적당한 무게를 가진 수건을 말합니다. 캄보디아에서 인기가 높은 이 놀이는 남성과 여성이 같은 성별끼리 팀을 이루어 대항하는 놀이입니다. 각 6명 이상 두 팀으로 나누어 진행하는데, 각 팀은 일렬로 서서 1미터 정도의 간격으로 상대팀을 마주보고 정한 순서대로 상대팀을 향해 추웅을 던집니다. 상대팀에서 던진 추웅을 받고 바로 다시 되던지며, 못 잡은 사람은 빠지게 됩니다. 패한 팀은 벌칙으로 춤을 추며 이긴 팀에게 다가가고, 이긴 팀은 노래를 불러줍니다.

마지막은 한국의 수건돌리기와 비슷한 놀이입니다. '리악껀사잉'이라는 놀이가 바로 그것인데, '리악'은 '숨기다'라는 뜻이고, '껀사잉'은 '수건'을 뜻합니다. 놀이의 방법은 수건돌리기와 같습니다.

제 01과
제 이름은 까로나입니다.

1

1) ឈ្មោះ របស់ខ្ញុំគឺជា ករុណា។
   저의 이름은 까로나예요.

2) ខ្ញុំ គឺជា សិស្ស។
   저는 학생이에요.

3) ខ្ញុំ មិនមែនជា ករុណាទេ។
   저는 까로나가 아니에요.

4) រីករាយដែលបានជួប។
   만나서 반가워요.

2

1) នាង មិនមែនជា កីឡាករទេ។
   그녀는 운동선수가 아니에요.

2) គាត់ មិនមែនជា ជនជាតិវៀតណាមទេ។
   그분은 베트남 사람이 아니에요.

3) ម្ដាក់ របស់ខ្ញុំ មិនមែនជា អ្នកចំរៀងទេ។
   저의 엄마는 가수가 아니에요.

4) ពួកខ្ញុំ មិនមែនជា សិស្សទេ។
   우리는 학생이 아니에요.

3

1) ខ្ញុំគឺជា អ្នកចំរៀង។
2) គាត់មិនមែនជា ជនជាតិចិនទេ។
3) ពួកខ្ញុំគឺជា ជនជាតិ អាមេរិក។
4) ម្ដាក់ របស់នាង មិនមែនជា ចុងភៅទេ។

4

1) នាង មិនមែនជា ចុងភៅទេ។
   그녀는 요리사가 아니에요.

2) ខ្ញុំ គឺជា ម្ដាក់ របស់នាង។
   저는 그녀의 엄마예요.

3) ខ្ញុំ គឺជា ជនជាតិ កម្ពុជា។
   저는 캄보디아 사람이에요.

4) គាត់ មិនមែនជា ជនជាតិ កម្ពុជាទេ។
   그분은 캄보디아 사람이 아니에요.

제 02과
저의 가족은 5명입니다.

1

1) នេះ គឺជា រូបថត។
   이것은 사진이에요.

2) គាត់ អត់មានពូទេ។
   그분은 삼촌이 없어요.

3) ខ្ញុំ មានកូន ២នាក់។
   저는 자식이 2명 있어요.

4) នោះគឺជា រូបថតគ្រួសារ របស់ខ្ញុំ។
   저것은 저의 가족 사진이에요.

2

1) គាត់ អត់មាន/មិនមាន កូនប្រុសទេ។
   그분은 아들이 없어요.

2) នាង អត់មាន/មិនមាន បងស្រីទេ។
   그녀는 언니가 없어요.

3) ខ្ញុំ អត់មាន/មិនមាន បងជីដូនមួយទេ។
저는 사촌 오빠/형이 없어요.

4) ប៉ា របស់ខ្ញុំ អត់មាន/មិនមាន បងប្រុសទេ។
저의 아빠는 형이 없어요.

3

1) គ្រួសារ របស់ខ្ញុំ មាន ៣នាក់។

2) នោះគឺជា រូបថត របស់ប៉ា។

3) ម៉ឹង របស់ខ្ញុំ មានកូនស្រី ៨នាក់។

4) ខ្ញុំ អត់មាន/មិនមាន ប្អូនជីដូនមួយទេ។

4 1) ៥(5)   2) ២(2)   3) ៨(8)   4) ៩(9)

1) គាត់ មាន កូន ៥ នាក់។
그분은 자녀가 5명 있어요.

2) ខ្ញុំ មាន បងស្រី ២នាក់។
저는 언니/누나가 2명 있어요.

3) នាង គឺជា កូនទី ៨។
그녀는 여덟째입니다.

4) ម៉ាក់ របស់ខ្ញុំ គឺជា កូនទី ៩។
저의 엄마는 아홉째입니다.

제 **03**과
여기는 유명한 식당이에요.

1

1) ប្អូនស្រី របស់ខ្ញុំ មិនសូវ ស្អាតទេ។
저의 여동생은 별로 안 예뻐요.

2) សុំ ទឹកក្រឡុក និង ទឹកក្រូច។
쉐이크랑 오렌지주스 주세요.

3) ទីនោះ គឺជា ផ្ទះ របស់គាត់។
저기가 그분의 집이에요.

4) ប៉ា របស់ខ្ញុំ ញ៉ាំ តិច។
저의 아빠는 조금 드세요.

2

1) ទីនោះ គឺជា សាលារៀន។
저기는 학교에요.

2) សុំ នំប៉័ងសាច់ និង តែ។
샌드위치랑 차 주세요.

3) ប្អូនស្រី របស់ខ្ញុំ មិនសូវ ស្អាត ទេ។
저의 여동생이 별로 예쁘지 않아요.

4) សុំ បាយឆា, ពងទាចៀន និង ទឹក។
볶음밥, 오리알후라이 그리고 물 주세요.

3

1) សុំ បាយសាច់ជ្រូក និង ការហ្វេ។

2) ហេវណាស់។

3) សុំ ទឹកកក និង ទឹកក្រូច។

4) ទីនេះ គឺជា សាលារៀន។

4

1) ទីនេះ គឺជា ហាង ល្បីល្បាះ។
여기는 유명한 식당이에요.

2) ទីនេះ មាន ម្ហូបឆ្ងាញ់ ច្រើនណាស់។
여기는 맛있는 음식이 많이 있어요.

3) សុំ មីឆា 1 និង ទឹកក្រឡុក 1។

볶음면 하나랑 쉐이크 하나 주세요.

4) ខ្ញុំ ញ៉ាំ បាយឆា។

저는 볶음밥을 먹어요.

제 **04**과

저는 바나나를 좋아해요.

1

1) នៅក្នុង ទូរទឹកកក មានផ្លែក្រូច។

냉장고 안에 오렌지가 있어요.

2) ខ្ញុំ មិនចូលចិត្ត ផ្លែឪឡឹកទេ។

저는 수박을 안 좋아해요.

3) នៅលើ កៅអីមាន ផ្លែម្នាស់។

의자 위에 파인애플이 있어요.

4) នៅក្រោមតុបាយ អត់មាន ផ្លែធូរេនទេ។

식탁 아래 두리안이 없어요.

2

1) នៅលើ តុមាន ផ្លែចេក។

탁자 위에 바나나가 있어요.

2) នៅក្រោម កៅអីមាន ផ្លែស្វាយ។

의자 아래에 망고가 있어요.

3) នៅក្នុង ទូរទឹកកកមាន ផ្លែឪឡឹក។

냉장고 안에 수박이 있어요.

4) នៅចំហៀង វ័ត្រមាន ទូរទស្សន៍។

침대 옆에 TV가 있어요.

នៅស្ដាំ វ័ត្រមាន ទូរទស្សន៍។

침대 오른쪽에 TV가 있어요.

3

1) នៅលើតុបាយ មាន បាយឆា។

2) នៅលើតុ មាន ការហ្វេ។

3) លោកយាយ របស់ខ្ញុំ ចូលចិត្ត ផ្លែស្វាយ។

4) បងប្រុស របស់ខ្ញុំ ចូលចិត្ត ទឹកដោះគោ។

4

1) ⓐ ម៉ាក់ ចូលចិត្ត ផ្លែចេក។

엄마는 바나나를 좋아해요.

2) ⓑ នៅ ស្ដាំទូរទស្សន៍ មាន ទឹកដោះគោ។

TV 오른쪽에 우유가 있어요.

3) ⓐ នៅ កណ្ដាល តុ មាន ផ្លែស្រកានាគ។

탁자 가운데 용과가 있어요.

4) ⓑ ខ្ញុំ មិនចូលចិត្ត ផ្លែម្នាស់ទេ។

저는 파인애플을 안 좋아해요.

제 **05**과

학교에 왜 안 왔어요?

1

1) ខែមុន ខ្ញុំ បានទៅ បារាំង។

지난 달에 저는 프랑스에 갔어요.

2) ហេតុអ្វី គាត់ មិនទៅផ្ទះ?

그분은 왜 집에 안 가요?

3) ម្សិលមិញ ខ្ញុំ បានទៅ សាលារៀន។

어제 저는 학교에 갔어요.

4) ពីព្រោះ ខ្ញុំ ហៀរសំបោរ។

왜냐하면 저는 콧물이 나요.

2

1) តើគាត់ ទៅ ចិនពេលណា?
그분은 중국에 언제 가요?

2) ហេតុអ្វី កូនស្រី របស់គាត់ ទៅ ផ្សារ?
왜 그분의 딸은 시장에 가요?

3) តើ ពាក់អាវ យ៉ាងម៉េច?
옷을 어떻게 입어요?

4) ហេតុអ្វី ចូលចិត្ត ផ្លែស្រកានាគ?
왜 용과를 좋아해요?

3

1) ហេតុអ្វី មិនបានទៅ មន្ទីរពេទ្យ?

2) ពីព្រោះ ខ្ញុំ ឈឺ ក។

3) ម្សិលមិញ ម៉ាក់ បានឈឺ។

4) តើ អ្នកចូលចិត្តអ្វី?

4

1) ខ្ញុំ ឈឺក្បាល ខ្លាំងណាស់។
저는 머리가 너무 아파요.

2) ហេតុអ្វី ម្សិលមិញ មិនបានមក សាលារៀន?
어제 학교에 왜 안 왔어요?

3) ម្សិលមិញ ខ្ញុំ បានក្អួត។
어제 저는 토했어요.

4) ខ្ញុំ បានឈឺក្បាល និង ក្តៅខ្លួន។
저는 머리가 아프고 열이 났어요.

제 06과
저는 배구를 할 줄 몰라요.

1

1) ម៉ាក់ របស់គាត់ ចេះ ធ្វើម្ហូប។
그분의 엄마는 요리를 할 줄 알아요.

2) ខ្ញុំ ចង់ អានសៀវភៅ។
저는 책을 읽고 싶어요.

3) តើ អ្នកចង់ ទិញ ត្រវ៉ាន់ទេ?
당신은 쇼핑하고 싶어요?

4) ប៉ា របស់ខ្ញុំ ចេះ លេងបាល់បោះ។
저의 아빠는 야구를 할 줄 알아요.

2

1) តើ អ្នក ចេះ វាយសីទេ?
당신은 배드민턴을 칠 줄 알아요?

ចា៎, ខ្ញុំ ចេះ វាយសី។
네, 저는 배드민턴을 칠 줄 알아요.

2) តើ អ្នក ចង់ ញ៉ាំ គុយទាវ ទេ?
당신은 쌀국수를 먹고 싶어요?

ទេ, ខ្ញុំ មិនចង់/អត់ចង់ ញ៉ាំ គុយទាវ ទេ។
아니요, 저는 쌀국수를 먹고 싶지 않아요.

3) តើ អ្នក ចេះ វាយបេ៉ងប៉ុងទេ?
당신은 탁구를 칠 줄 알아요?

បាទ, ខ្ញុំ ចេះ វាយបេ៉ងប៉ុង។
네, 저는 탁구를 칠 줄 알아요.

4) តើ អ្នក ចង់ ទិញត្រវ៉ាន់ ទេ?
당신은 쇼핑을 하고 싶어요?

ទេ, ខ្ញុំ មិនចង់/អត់ចង់ ទិញត្រវ៉ាន់ ទេ។
아니요, 저는 쇼핑을 하고 싶지 않아요.

정답

3

1) ខ្ញុំ ចង់ ញ៉ាំ នំប៉័ងសាច់។

2) តើ អ្នក ចេះ វាយបេ៉ងប៉ុងទេ?

3) ប្អូនជីដូនមួយ របស់ខ្ញុំ មិនចេះ/អត់ចេះហែលទឹកទេ។

4) ខ្ញុំ មិនចង់/អត់ចង់ ធ្វើម្ហូបទេ។

4

1) ⓐ គាត់ ចេះ លេងបាល់ទាត់។

그분은 축구를 할 줄 알아요.

2) ⓐ ខ្ញុំចេះ ធ្វើម្ហូប។

저는 요리를 할 줄 알아요.

3) ⓑ ខ្ញុំ ចង់ គូររូបនូវ។

저는 그림을 그리고 싶어요.

4) ⓐ តើ ប៉ា របស់អ្នក ចេះ វាយបេ៉ងប៉ុង ទេ?

당신의 아빠는 탁구를 칠 줄 알아요?

제 **07**과
이번 주말에 뭐 할 거예요?

1

1) ថ្ងៃច័ន្ទនេះ ខ្ញុំ នឹងទៅ ផ្ទះ របស់គាត់។

이번 월요일에 저는 그분의 집에 갈 거예요.

2) ថ្ងៃនេះ នាង នឹង ហែលទឹក។

오늘 그녀는 수영을 할 거예요.

3) ខែសីហា ខ្ញុំ នឹង ទៅ ចិន។

8월에 저는 중국에 갈 거예요.

4) ចុង សប្ដាហ៍ ម៉ាក់ របស់ខ្ញុំ នឹង ទៅទិញឥវ៉ាន់។

주말에 저의 엄마는 쇼핑하러 갈 거예요.

2

1) ថ្ងៃ អង្គារ ទី ៣ ខែ កក្កដា ឆ្នាំ ២០១៨។

2018년 7월 3일 화요일

2) ម៉ោង ៨ : ៤៥នាទី។

9시 45분

3) ម៉ោង ៣ : ២០នាទី។

3시 20분

4) ថ្ងៃទី ៩ ខែ ធ្នូ។

12월 9일

3

1) ខ្ញុំ នឹងទៅ កូរ៉េ។

2) ថ្ងៃនេះគឺជា ថ្ងៃច័ន្ទ ទី ២០ ខែ សីហា ឆ្នាំ២០១៧។

3) តើ ពេលនេះ ម៉ោង ប៉ុន្មាន?

4) តើថ្ងៃនេះ ទីប៉ុន្មាន?

4 1) ⓒ   2) ⓑ   3) ⓐ   4) ⓐ

1) តើ ពេលនេះ ម៉ោងប៉ុន្មាន?

지금 몇 시예요?

ពេលនេះ ម៉ោង 6: 45 នាទី។

지금 6시 45분이에요.

2) តើ ថ្ងៃនេះ ទី ប៉ុន្មាន?

오늘 며칠이에요?

ថ្ងៃនេះ ទី 10។

오늘 10일이에요.

3) ខែ ប៉ុន្មាន?

몇 월이에요?

ខែ មេសា។

4월이에요.

4) តើ ថ្ងៃនេះ គឺជា ថ្ងៃអ្វី?
오늘 무슨 요일이에요?

ថ្ងៃអង្គារ។
화요일이에요.

제 **08**과
이것은 얼마예요?

1

1) តើ អាវយឺតនេះ ថ្លៃ ប៉ុន្មាន?
이 티셔츠는 얼마예요?

2) ខោនេះ ថ្លៃ 20,000រៀល។
이 바지는 2만 리엘이에요.

3) ចុះ ស្បែកជើង របស់គាត់ វិញ?
그분의 신발은요?

4) រ៉ូបពណ៌ ស្វាយនេះ ថ្លៃ 59,000 រៀល។
이 보라색 원피스는 5만 9천 리엘이에요.

2

1) តើ ស្រោមជើងនេះ ថ្លៃ ប៉ុន្មាន?
이 양말은 얼마예요?

2) មួក នេះ ថ្លៃ 5,000 រៀល។
이 모자는 5천 리엘이에요.

3) តើ សំពត់ នេះ ថ្លៃ ប៉ុន្មាន?
이 치마는 얼마예요?

4) ស្បែកជើង នេះ ថ្លៃ 50,000 រៀល។
이 신발은 5만 리엘이에요.

3

1) តើ ខោនេះ ថ្លៃប៉ុន្មាន?

2) តើ សំពត់ របស់អ្នក ថ្លៃប៉ុន្មាន?

3) ចុះ ប៉ា របស់អ្នក វិញ?

4) កាបូបលុយ នោះ ថ្លៃ 30,000 រៀល។

4 1) ⓓ   2) ⓑ   3) ⓐ   4) ⓒ

1) ស្បែកជើង ពណ៌បៃតងនោះ ស្អាតណាស់។
저 초록색 신발이 아주 예뻐요.

2) នាង ចូលចិត្ត ពណ៌ក្រហម។
그녀는 빨간색을 좋아해요.

3) ខ្ញុំ មាន សំពត់ ពណ៌ត្នោត។
저는 갈색 치마가 있어요.

4) ខ្ញុំ ចង់ ពាក់អាវ ពណ៌ស។
저는 흰색 옷을 입고 싶어요.

제 **09**과
영화 보러 가요.

1

1) ខ្ញុំគ្រោងនឹងទៅរៀតណាម។
저는 베트남에 가려고 해요.

2) ថ្ងៃស្អែក គ្រួសារខ្ញុំ គ្រោងនឹង ទៅពិកនិក។
내일 저의 가족은 소풍 가려고 해요.

3) ម្សិលមិញ ពួកខ្ញុំ បានទៅ មើលកុន។
어제 우리가 영화를 보러 갔어요.

4) ពួកខ្ញុំ ត្រូវ ពាក់អាវ ពណ៌ ស។
우리는 하얀 옷을 입어야 해요.

2

1) តើ ទៅ បោះជំរុំទេ?
   캠핑하러 갈래요?

2) តើទៅ មើលល្ខោនទេ?
   연극 보러 갈래요?

3) តើទៅ ជិះស្គីទេ?
   인라인스케이트 타러 갈래요?

4) តើទៅ ជិះកង់ទេ?
   자전거 타러 갈래요?

3

1) សប្ដាហ៍ក្រោយ នឹងទៅមើល កុន។

2) តើ ទៅលេងហ្គេម ទេ?

3) ថ្ងៃស្អែក ម៉ាក់ របស់ខ្ញុំ ត្រូវទៅមន្ទីរពេទ្យ។

4) ម្សិលមិញ បានទៅ ជិះកង់។

4

1) ខ្ញុំ គ្រោងនឹងទៅ កម្ពុជា។
   저는 캄보디아에 가려고 해요.

2) ថ្ងៃស្អែក ពូរបស់ខ្ញុំ នឹង ទៅមើលកុន។
   내일 저의 삼촌은 영화 보러 갈 거예요.

3) ល្ងាចនេះ ខ្ញុំ ត្រូវទៅ កូរ៉េ។
   오늘 저녁에 저는 한국에 가야 해요.

4) គាត់ ត្រូវ ពាក់ មួក។
   그분은 모자를 써야 해요.

제 10과
참석할 수 있어요?

1

1) តើអ្នក អាច ចូលរួម ពិធីឡើងផ្ទះ បានទេ?
   당신은 집들이에 참석할 수 있어요?

2) តើពួកខ្ញុំ អាច ញ៉ាំ ផ្លែចេក បានទេ?
   우리가 바나나를 먹을 수 있어요?

3) តើខ្ញុំ អាច ទៅបានទេ?
   제가 갈 수 있어요?

4) តើ ពួកគាត់ អាច ញ៉ាំបាយឆានេះ បានទេ?
   그분들은 이 볶음밥을 먹을 수 있어요?

2

1) សៀវភៅ ៦ ក្បាល។   책 6권

2) ខូឡា ៣ ដប។   콜라 3병

3) ប៊ិច ៥ ដើម។   펜 5자루

4) អាវយឺត ៩ ឈុត។   티셔츠 9벌

3

1) តើអ្នក អាចទៅ សាលារៀន បានទេ?

2) ខ្ញុំ អាចចូលរួម ពិធីខួបកំណើតបាន។

3) ថ្ងៃអាទិត្យនេះ នាង មិនអាចទៅ
   ពិធីមង្គលការបានទេ។

4) ខ្ញុំ នឹងអាចទៅ អាមេរិកបាន។

4 1) ⓐ   2) ⓑ   3) ⓓ   4) ⓒ

1) ថ្ងៃស្អែក ខ្ញុំ នឹង ទៅ សាលារៀន។
내일 저는 학교에 갈 거예요.

2) ហេតុអ្វី ទៅ មន្ទីរពេទ្យ?
왜 병원에 가요?

3) ម្សិលមិញ ខ្ញុំ បានទៅ រោងកុន។
어제 저는 극장에 갔어요.

4) ទីនេះ មាន ចំណតឡានក្រុង។
여기 버스 정류장이 있어요.

제 **11**과
저는 캄보디아어를 배우고 있어요.

1

1) ពេលនេះ ខ្ញុំ កំពុងទៅ កម្ពុជា។
지금 저는 캄보디아에 가고 있어요.

2) ម្សិលមិញ ខ្ញុំ បាន កំពុងទិញទំនិញ។
어제 저는 쇼핑을 하고 있었어요.

3) តើ ពេលនេះ នាង កំពុងធ្វើ អ្វី?
지금 그녀는 무엇을 하고 있어요?

4) នាង កំពុងយំ។ ពីព្រោះនាង ខឹង។
그녀는 울고 있어요. 왜냐하면 그녀는 화가 나서요.

2

1) តើ អ្នក ចូលចិត្ត បាយឆា រឺ ក បាយសាច់ជ្រូក?
당신은 볶음밥을 좋아해요, 아니면 제육덮밥을 좋아해요?

ខ្ញុំ ចូលចិត្ត បាយឆា។
저는 볶음밥을 좋아해요.

2) តើ គាត់ បានកំពុង ធ្វើអ្វី?
그분은 무엇을 하고 있었어요?

គាត់ បានកំពុង កក់សក់។
그분은 머리를 감고 있었어요.

3) តើ ពួកគាត់ កំពុង ទៅឯណា?
그분들은 어디에 가고 있어요?

ពួកគាត់ កំពុង ទៅ ផ្សារទំនើប។
그분들은 백화점에 가고 있어요.

4) តើ គាត់ បានកំពុង អានអ្វី?
그분은 무엇을 읽고 있었어요?

គាត់ បានកំពុង អានសៀវភៅ។
그분은 책을 읽고 있었어요.

3

1) ពេលនេះ ខ្ញុំ កំពុង ញ៉ាំ នំបុ័ង សាច់។

2) ម៉ាក់ កំពុងធ្វើម្ហូប។

3) នាង ស្អាត។ ដូច្នេះហើយ ខ្ញុំស្រលាញ់ នាង។

4) ខ្ញុំ ចេះ ជិះកង់។ ប៉ុន្តែ ខ្ញុំ មិនចេះ លេងបាល់ទាត់ទេ។

4

1) តើ អ្នក កំពុង និយាយអ្វី?
당신은 무엇을 말하고 있어요?

2) ខ្ញុំ បានទិញ អាវ 1 និង មួក 1។
저는 옷 하나 그리고 모자 하나를 샀어요.

3) ម្សិលមិញ ខ្ញុំ បាន កំពុងទៅ ជប៉ុន។
어제 저는 일본에 가고 있었어요.

4) បើ ខ្ញុំ អផ្សុក ខ្ញុំ នឹង គូរគំនូរ។
심심하면 저는 그림을 그릴 거예요.

정답

제 12과
앙코르 와트에 가 봤어요?

1

1) តើ គាត់ ធ្លាប់ទៅ អង់គ្លេសទេ?
그분은 영국에 가 본 적이 있어요?

2) សាក ញ៉ាំ ផ្លែចេកមើលទៅ។
바나나를 먹어 봐요.

3) សាកពាក់ អាវនេះ មើលទេ?
이 옷을 입어 볼래요?

4) តើ អ្នកធ្លាប់ ស្ទូចត្រីទេ?
당신은 낚시를 해 본 적이 있어요?

2

1) តើ នាង ធ្លាប់ ញ៉ាំ គុយទាវទេ?
그녀는 쌀국수를 먹어 본 적이 있어요?

2) សាក ទៅ បារាំង មើលទេ?
프랑스에 가 볼래요?

3) តើគាត់ ធ្លាប់ ជិះកង់ទេ?
그분이 자전거를 타 본 적이 있어요?

4) សាក ទៅបោះប៊ូលីងមើលទេ?
볼링치러 가 볼래요?

3

1) សាក ញ៉ាំផ្លែស្វាយ មើលទេ?
2) សាក ពាក់រូបនេះ មើលទៅ។
3) ម៉ាក់ របស់ខ្ញុំ ធ្លាប់ទៅអង់គ្លេស។
4) តើ ធ្លាប់ ស្ទូចត្រីទេ?

4

1) សាកទៅ ផ្ទះ អណ្ណែតទឹកមើលទេ?
수상가옥에 가 볼래요?

2) ខ្ញុំ ធ្លាប់ទៅ កោះ។
저는 섬에 가 봤어요.

3) ម៉ាក់ របស់ខ្ញុំ មិន ធ្លាប់ ទៅ សមុទ្រទេ។
저의 엄마가 바다에 가 본 적이 없어요.

4) នាង មិនធ្លាប់ ញ៉ាំ ផ្លែធូរេនទេ។
그녀는 두리안을 먹어 본 적이 없어요.

제 13과
요리를 하려면 양념을 할 줄 알아야 해요.

1

1) កុំ ដាក់ម្រេច និង អំបិលអី។
후춧가루랑 소금을 넣지 마세요.

2) បើចង់ ស្អាត ត្រូវញ៉ាំ ទឹក។
예쁘려면 물을 먹어야 해요.

3) នៅ ទីនេះ មានតែ អាវ ពណ៌សទេ។
여기에 하얀 옷밖에 없어요.

4) កុំ ផឹកកាហ្វេអី។
커피를 마시지 마세요.

2

1) កុំ លេងហ្គីតា អី។
기타를 치지 마세요.

2) កុំ រាំ អី។
춤을 추지 마세요.

174 New The 바른 캄보디아어 STEP 1

3) កុំ ផឹកកាហ្វេ អី។
커피를 마시지 마세요.

4) កុំ មើលទូរទស្សន៍ អី។
TV를 보지 마세요.

3

1) សូមដាក់ ម្រេច និង ម្សៅម្រេស។

2) បើចង់ ជួបខ្ញុំ ត្រូវ មកសាលារៀន។

3) ម៉ាក់ ខឹង។ កុំសើចអី។

4) កុំញ៉ាំបាយអី។

4

1) នៅទីនេះ មានតែ ទឹកខ្មេះ ទេ។
여기에 식초밖에 없어요.

2) មានតែ ខ្ញុំ, បងស្រី, និង ម៉ាក់ ទេ។
저, 언니/누나 그리고 엄마밖에 없어요.

3) កុំ ទៅ ផ្សារ អី។
시장에 가지 마세요.

4) នៅផ្ទះ មានតែ ម្រេច និង ប្រេងល្ង ទេ។
집에 후춧가루와 참기름밖에 없어요.

제 **14**과
저는 부끄러움이 많아서 춤을 안 춰요.

1

1) គាត់ ប្រហែលជា ទៅកូរ៉េ ហើយមើលទៅ។
그분은 한국에 가는 것 같아요.

2) ម៉ាក់ ប្រហែលជា ញ៉ាំបាយ ហើយមើលទៅ។
엄마가 밥을 안 드시는 것 같아요.

3) ផ្លែស្វាយនេះ ប្រហែលជាជូរ ហើយមើលទៅ។
이 망고는 시큼한 것 같아요.

4) នាង ប្រហែលជាយំ ហើយមើលទៅ។
그녀는 우는 것 같아요.

2

1) មកពី ខ្ញុំ មិនឈឺ បានជា មិនទៅមន្ទីរពេទ្យ។
저는 아프지 않으니까 병원에 안 가요.

2) មកពី មិនមែនសិស្ស បានជា មិនទៅសាលា។
학생이 아니니까 학교에 안 가요.

3) មកពី មិនសប្បាយចិត្តបានជា មិនសើច។
기쁘지 않으니까 안 웃어요.

4) មកពី មិនចិត្តល្អបានជា មិនមានមិត្តភ័ក្ត។
친절하지 않으니까 친구가 없어요.

3

1) ខ្ញុំ ក៏ញ៉ាំ គុយទាវ]ដែរ។

2) ថ្ងៃនេះ ភ្ញ ប្រហែលជា ឈឺហើយមើលទៅ។

3) ទឹកដោះគោ ប្រហែលជា មាននៅក្នុង
ទូរទឹកកកហើយមើលទៅ។

4) បា៉ ប្រហែលជា អារម្មណ៍ល្អ ហើយមើលទៅ។

4

1) គាត់ ប្រហែលជា ច្រណែន ហើយមើលទៅ។
그분은 부러워 하는 것 같아요.

2) នាង ប្រហែលជា តូចចិត្ត ហើយមើលទៅ។
그녀는 속상한 것 같아요.

3) ខ្ញុំ ក៏ ឈឺចិត្ត ដែរ។
저도 슬퍼요.

4) បងស្រីខ្ញុំ ក៏ អផ្សុក ដែរ។
저의 언니/누나도 심심해요.

제 **15**과
어떤 게 더 좋아요?

1

1) អាវយឺតនេះ ថ្លៃជាង។
이 티셔츠가 더 비싸요.

2) តើ តុ មួយណា វែងជាងគេ?
어떤 탁자가 제일 길어요?

3) តោះ ទៅស្ទូចត្រី។
낚시하러 갑시다.

4) តោះ ទៅលេងបាល់បោះទេ?
야구하러 갈래요?

2

1) តូច 작다　ធំ 크다

2) វែង 길다　ខ្លី 짧다

3) ខ្ពស់ 높다　ទាប 낮다

4) ស្តើង 얇다　ក្រាស់ 두껍다

3

1) ទឹកក្រូច ឆ្ងាញ់ជាង។

2) ខ្ញុំ ស្គាតជាងគេ។

3) កៅអី របស់ខ្ញុំ ខ្លស់ជាងគេ។

4) តើ ស្បែកជើងមួយណា ស្អាតជាងគេ?

4

1) តោះ ទៅជិះកង់ទេ?
자전거 타러 갈래요?

2) មួកនេះ ស្អាត ជាងគេ។
이 모자가 제일 예뻐요.

3) តើ មួយណា ធំ ជាង?
어떤 게 더 커요?

4) តើ សំពត់ មួយណា តូច ជាងគេ?
어떤 치마가 제일 작아요?